相関地域研究2

融解と再創造の世界秩序

村上勇介／帯谷知可　編著

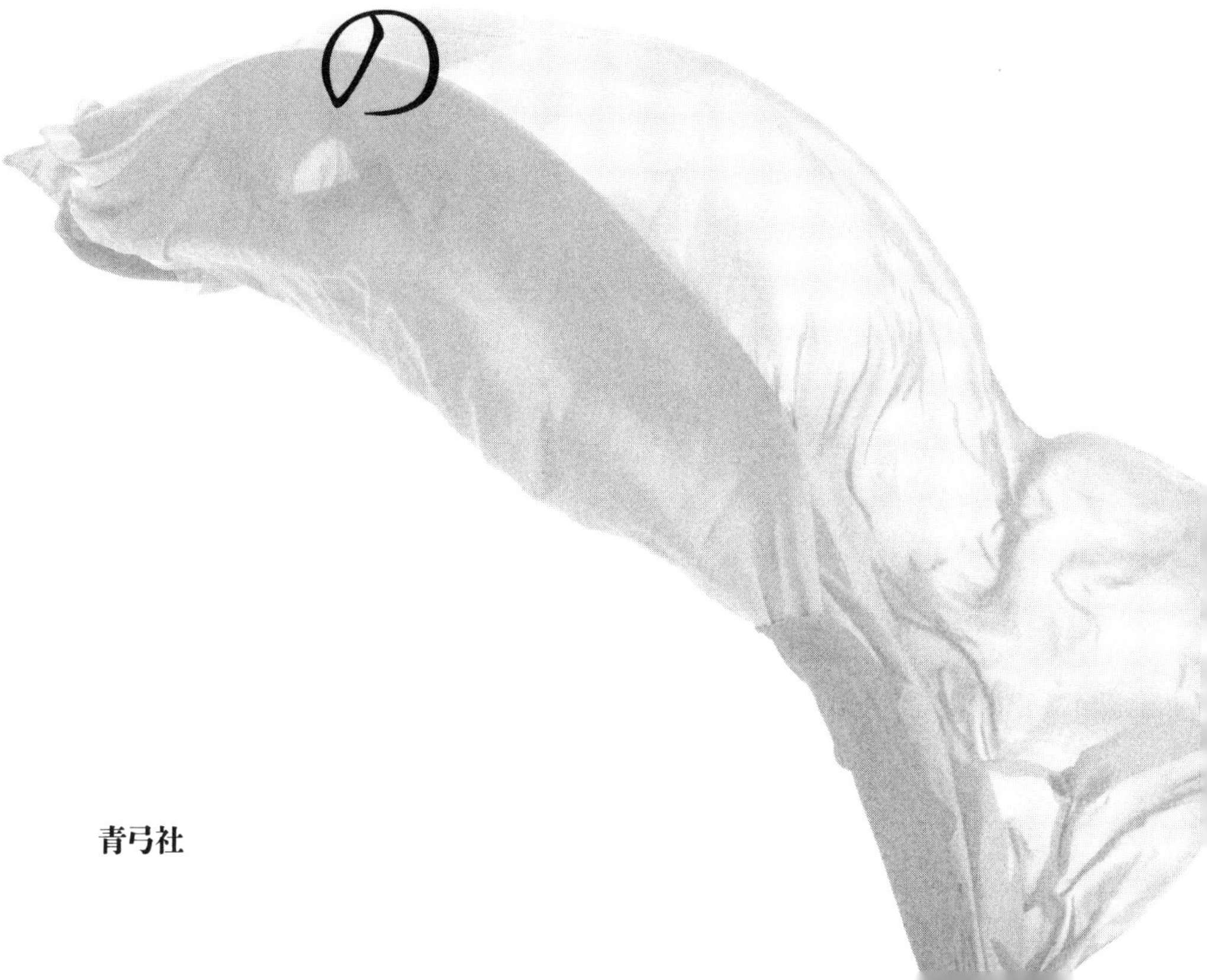

青弓社

融解と再創造の世界秩序　目次

第2部　越境のダイナミズム

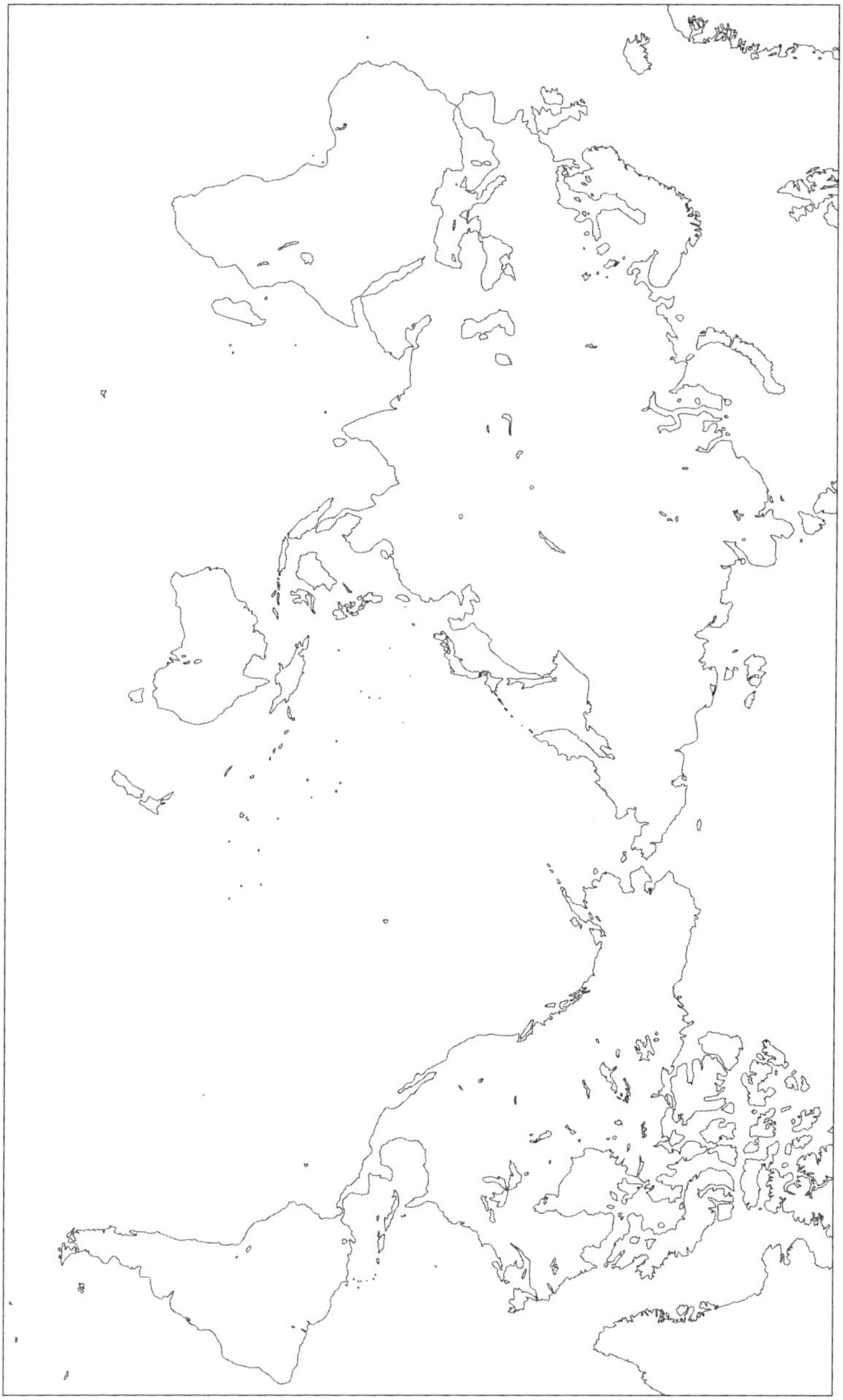

装丁——斉藤よしのぶ

プロローグ　覇権大国不在の無秩序な世紀の到来

村上勇介／帯谷知可

今世紀も一〇年代の半ばになった今日、ますますはっきりとしてきていることは、二十一世紀世界の秩序について、確実な見通しが困難になっている状況である。前世紀では、二つの世界大戦（主要国間の戦争）や発展途上地域での武力紛争という犠牲はあったものの、そして核兵器による「恐怖の均衡」に依拠したものではあったにせよ、アメリカ合衆国と旧ソ連（ソビエト連邦）の二大国の間の直接的な武力紛争を回避する一定の秩序が形成された(1)。そして、アメリカや西ヨーロッパなどのいわゆる西側先進国は、市場経済を前提としながら福祉国家モデルを追求した。日本も、そうした二十世紀の秩序のもとで社会の発展を実現してきた。二十世紀的秩序は、一九七〇年代に入ると、変容、動揺し、転換期に入る。

一九八〇年代の終わりにはベルリンの壁が崩壊し、二十世紀半ばから国際政治の基調をなしてきた東西対立が終焉を迎えた。ベルリンの壁の崩壊に象徴されるように、東西対立の終焉は、アメリカを中心とする西側の「勝利」だったことから、二十一世紀は、市場原理に基づく経済と自由主義的な民主主義を共通の構成要素とする世界になると考えられた。フランシス・フクヤマの『歴史の終わり(2)』はそのマニフェストだった。多くの国で権威主義体制から民主主義体制への体制移行が進む「民主化第三の波(3)」が起き、また市場原理を徹底させる新自由主義経済路線が世界各地で浸透する状況は、「ポスト冷戦期」が市場経済と民主主義の時代であることを裏付けているかに見えた。それはまた、アメリカが唯一の超大国として抜きんでていた「一極支配」の時期だった。

しかし、そうした見方は、今世紀、特に二〇〇一年のアメリカでの同時多発テロ以降、あまりにも楽観的だったことが明らかになってきた。そして、ベルリンの壁の崩壊から四半世紀を経た今日では、一九九〇年代の楽観主義が強度の隔世の感を引き起こすほど、世界の状況は大きく変化してきた。[4] それは、「「無秩序」の世紀[5]」となりつつあるかの感を呈している。

何よりも、世界に対するアメリカの地位が顕著に変わった。経済新興国（ＢＲＩＣＳ）の台頭、とりわけ中国（中華人民共和国）の大国化を前に、また二〇〇八年のリーマンショック後の経済不振や孤立主義的な傾向の高まりといった国内的な要因もあり、冷戦終了後には唯一の超大国だったアメリカの覇権は大きく低下した。台頭する中国は、市場経済的な要素を採用しながらも国家による経済統制の基本を崩さない「国家資本主義」であり、同時に、自由な政治参加を制限する権威主義体制の国である。つまり、冷戦後の基調になると考えられた市場経済と自由民主主義の原理を否定しながら国家運営を図り、アメリカと覇を争う力を蓄えてきたのである。そうしたなかで、市場経済と民主主義の世界的な浸透に歯止めがかかり、世界に対するアメリカの存在感も低下した。現在、「世界をリードする国が存在しない状況、つまり、グローバル・リーダーシップが欠如した世界」「「Ｇゼロ」後の世界[6]」に私たちはいることになった。世界レベルで覇権を安定的に維持できる大国が存在しないのである。

「踊り場」にあるグローバル化

アメリカの覇権の動揺は、グローバル化（グローバリゼーション）現象にも影響を及ぼしてきた。グローバル化の始まりをいつとするかは議論の的になってきたが、少なくとも現在のグローバル化が認識され始めたのは、第二次世界大戦後に展開した政治・経済のあり方が動揺していることが明確となった一九七〇年代に、世界中の人々、社会をあまねく巻き込む地球規模的な課題が存在することが提起されてからである。その意味では、グローバル化はアメリカ化と完全に同義ではない。だが、東西冷戦終了後のグローバル化は、アメリカの「一極支配」のもとで加速的に進んだことから、市場経済原理と民主主義の枠組みの拡大をその主要な構成要素として有していたことはまちがいない。技術革新と相まって、「世界はフラット化する[7]」とまで指摘された。

しかしながら、二十世紀終わりから加速したグローバル化は、二十一世紀に入り、その勢いを失ってきている。それは、アメリカの地位の変化や中国の台頭といった国際面での動態に起因するだけではない。各国の政治や経済、社会をめぐる国内的な要因にも原因があった。たとえば、市場経済原理を貫徹させる新自由主義路線は、経済発展を可能にした一方、格差構造の拡大を帰結し、貧困層の生活向上に十分な効果を有する施策を実施できず、中・長期的には、社会に不満がつもる結果になった[8]。

また、民主主義は「他と比してよりよい（よりましな）意思決定の方法である」という価値観と関連している面があるため[9]、その定着には学習と試行錯誤の過程を含めた長い時間を要する。非民主的な政治体制が崩壊して民主主義的な枠組みが採用されても、民主主義的な政治の社会経済的な基盤が不十分だったり、グローバル化した経済の厳しい競争にさらされて国内の経済社会的な課題に応えられずに正統性を失ったりするなどして、民主主義が定着せず、不安定化する、さらには、権威主義的な支配へと逆行することも観察されてきた。今世紀初頭の経済成長の過程で誕生した新たな中間層は、二十世紀の民主主義を支えた市民的な中間層とは異なり、個人主義的な傾向が強い性格を有しているように見える[10]。

無論、新自由主義経済路線の影響力がなくなったわけではないし、また自由な参加を保証する政治を求める人々が少数派になったわけでもない。しかし、前世紀の終わりほどの、「一方的な勢い」は過去のものになっている。いわば、グローバル化が「踊り場」にある状態なのだ。そして、世界はフラット化するのではなく、「フラット化しない世界」[11]なのである。グローバル化にともなったローカルな動態も重要だとする「グローカル化」に注目が集まることにもなる。

「新しい中世」への途上か？

アメリカの覇権後退は、世界政治の周辺地域に混乱を惹起してきた。たとえば、共和制の国々を中心に非民主主義的な政治体制が動揺して崩壊した二〇一〇年末から一二年にかけての「アラブの春」を経験した中東地域である。「アラブの春」は、権威主義体制の正統性の喪失という内政的な要因で発生したことは確かである。しかし、民主主義の政治的枠組みが機能・定着しない状況が支配的ななか、イスラーム原理主義勢力の台頭など社会的な混乱が拡大する過程は、世界的な影響力を減退するアメリカの不作為を抜きに説明することはできない。中東地域の混乱は、民主化や新自由主義改革を受けて不安定化していたアフリカにも影響を及ぼしている。そして、中東でのアメリカの失策を見ながら、ロシアはウクライナに影響力を行使してクリミアのロシアへの編入を強行したのである。

アメリカの世界的影響力の後退は、私たちが含まれる東アジアでも緊張を高める結果を招いている。十七世紀以降、実質的には大国と小国の階層性は存在したものの、平等な主権を規範とする諸国の間での対等な関係、いわば水平的なつながりに基づく慣行を蓄積してきたヨーロッパに対し、アジア地域は、大国中国を頂点とする垂直的な朝貢システムが長期にわたって存続してきた。十九世紀の帝国主義の時代に、ヨーロッパやアメリカの列強によってこの垂直的なシステムは崩壊し、その後、二つの世界大戦を経て、二十世紀後半には東西冷戦構造を反映して暫定的な均衡状態が生まれ、維持された。[12] これが、冷戦終結後、中国の台頭とアメリカの覇権後退の傾向のもとで、さらに緊張をともないながら、大きく変動してきている。

東アジアに属する日本は、国際情勢の大変動の荒波のなかで厳しい舵取りを強いられていて、今後はさらに厳しい状況に直面しなければならないことが予想できる。中国の勢力拡大とアメリカの影響力の低下が基調になっている情勢のなかで、どのようにして中・長期的に地域の安定を図っていくか。理想主義的には多くを語ることは可能だが、具体的な道筋を描くオプションは限定的である。[13]

東アジアを含めた今後の世界情勢の動向は、容易には見通せない。基本的には、世界レベルで覇権を競う能力を有するアメリカと中国の関係（対立か協調か）、ならびにそれ以外の国々の発展と国際舞台での行動のあり方、という二つの次元の組み合わせが規定すると考えられる。[14] そうした交錯するベクトルのなかから現れる世界は、理想主義的に語られてきた世界連邦でも、経済社会的な機能の同一性を基盤とした機能主義的な世界の一体化でも、また地球環境問題などグローバルな課題意識の共有に基づく協調体制でもない(15)。今世紀の世界秩序のあり方の一方向性として蓋然性が高いのは、その具体的なあり方についていまだコンセンサスはないが、一定の領域に影響力を有する複数の権威の中心が併存する「新しい中世」である(16)。

本書の目的と構成

本書は、以上のような混沌とした世界秩序をめぐる分析で、通常、取り上げられるアメリカや中国など主要国の動向を直接に分析するものではない。先行する議論を念頭におきながら、周辺地域・周辺部に視点を移し、そうした地域での二十世紀的秩序の崩壊・融解と二十一世紀世界の不確実な見通しの大きな流れのなかにある現在について考察する。従来の議論で焦点が絞られる大国・主要国の動向が重要ではないということを言いたいのではない。本書の分析と考察は、「新しい中世」に向かっている可能性がある「フラット化しない世界」が広がりつつある状況を前に、世界秩序の将来をめぐる分析では、せいぜい不十分な考察の対象にしかならないような地域や地点の動態を探求し、均一ではない世界の現実に対する認識の地平を拡充する。それは、アメリカや中国などの大国以外の国々の発展ならびに国際的なプレゼンスという、前述した分析の二番目の観点に広がりを与えるものである。同時に、日本に直接関係がある国や地域の分析は、無論重要だが、他方、日本は世界全体を視野に入れてその生存を図っていかなければならず、関心を特定の国や地域に限定してことたれりとするわけにはいかない、という考えにも基づいている。

そうした観点から、社会（個人や集団など）、国家、地域・世界のいずれのレベルでも進行している二十世紀的秩序の崩壊・融解を振り返り、現在の位相を確認するとともに、今後の新秩序の萌芽や見通しについて分析する。

第1部「国家の動態、地域の変容」は、国家という伝統的な国際関係の主体が中心となって形作る特定の地域の秩序をめぐる動態に焦点を当てる。第2部「越境のダイナミズム」は、国家のなかに存する制度や主体が、国境を越えて形成する関係やグローバル化の動態から受ける影響によって変容するダイナミズムについて考察する。

第1章「ボーダースタディーズからみた世界と秩序——混迷する社会の可視化を求めて」（岩下明裕）は、理論と実践、国内と国際の各次元でボーダースタディーズ（境界研究）を牽引してきた研究者による見取り図の提示である。境界地域が最も堅固に分けられる「砦」から、「共存」「相互依存」、そして「統合」へと理念的に分類されるとのボーダースタディーズの知見を出発点として、ポスト冷戦期の終わりといえる現在の混沌状況について、「砦」から「統合」までの状況が様々な空間で同時に生じているためだと分析する。そして、北方領土をはじめとする境界世界の重層性を読み解き、境界で模索されてきた「砦」を突き崩す努力に新たな秩序が兆すことを提起している。

第2章「中東地域の秩序と変動——「アラブの春」、シリア「内戦」、そして「イスラーム国」へ」（末近浩太）は、今世紀の「世界の火薬庫」となった中東を分析する。欧米の強国に翻弄されてきた中東は、二十世紀終わり頃には、アメリカとの同盟・敵対関係を基調とした二極化状況によるある種の安定が作り出された。だが、今世紀に入ってからのアメリカの対テロ戦争の展開によって、そうした安定は徐々に揺らいでいくことになった。そして、不安定化を決定づけたのが、ほかならぬ「アラブの春」だった。権威主義体制の崩壊が民主化に帰結しないなか、中東の内外の各国は自らの生存や国益の拡大のためにマキャベリスティックな介入・干渉を強め政治的な混乱が拡大する。そうしたなかで、シリアでの内戦の激化を契機として、「イスラーム国」という、近代以降に欧米が作ってきた、しかし不安定と失望しかもたらしてこなかった「中東」のアンチテーゼが拡大することになった。

第3章「動揺するヨーロッパ——中東欧諸国はどこに活路を求めるのか？」（仙石学）は、EU（欧州連合）とロシアに挟まれた中東欧の動向に照準を合わせる。冷戦終結後、EUやNATOとの結び付きを強めた中東欧諸国だが、今世紀に入ってロシアの台頭、アメリカとロシアの関係修復、EUの統一の乱れという国際環境の変化が生じた。そうした変化を前に、バルト三国とポーランドはEUや近隣諸国との連携強化に動き、チェコ、スロバキア、ハンガリーはそうした方向は目指さなかった。そうした相違の背景には、ロシアがもたらす脅威度の違いに加え、各国の政治・経済状況が作用してきた。ＥＵとの協調路線にコンセンサスがあるバルト三国、また同路線を支持する勢力が支配的だったポーランド、それに対し、チェコなど三カ国ではＥＵには懐疑的な勢力が政権に就いてきた。ポーランドの最近の方針転換は、親ＥＵ勢力が支持と政権を失った帰結である。

第４章「ラテンアメリカでの地域秩序変動」（村上勇介）は、アメリカの覇権が動揺する状況が顕著に現れているラテンアメリカを取り上げる。欧米による覇権の強い影響下にあったラテンアメリカは、地域全体に一定の方向性が生じる力学がはたらきやすく、十九世紀から二十世紀にかけていくつかの段階を経ながら、地域全体として類似の方向性を示してきた。ところが、今世紀に入ると、アメリカの覇権の低下を背景としながら国内の政治・経済変動と連動し、市場経済原理を重視する新自由主義派、市場経済原理を無視しないが社会政策の充実を目指す穏健左派、市場経済を批判する急進左派の三つの路線が競い合う状況が生じた。低成長という「新たな段階」に入った世界では左派に分類される路線の持続性が今後問われるが、アメリカの圧倒的な覇権を前提とした二十世紀の状況はすでに過去のものになっていることは明らかである。

第２部の最初である第５章「「非・国民」――新たな選択肢、あるいはラトヴィアの特殊性について」（小森宏美）は、国籍の観点から改めて「国民国家」の揺らぎを描く。多文化性の承認を経て再び「同化」圧力が高まっているヨーロッパのなかで、国民と外国人の二分法に収まらない人々を単なる無国籍者ではない範疇に入れ、一定の権利を認める興味深い例があり、その典型としてラトビアの「非・国民」を分析する。ラトビアの「国民」ではないものの、隣国のエストニアの類似の範疇よりは国家との紐帯が認められている。そうした一筋縄ではいかない地位にある人々について考察するなかから、国籍やそれに準じる地位が移動の自由や就労機会の増大への期待などの便宜的な理由から選択されていることを見いだしている。国家への忠誠心、愛着、帰属意識とは異なった国籍に対する認識が生じているのである。

第６章「ロック音楽と市民社会、テレビドラマと民主化――社会主義時代のチェコスロバキア」（福田宏）は、新しいコミュニケーション技術やそれに乗って国境を越えて拡散する文化と民主化、体制転換との間の一筋縄ではいかない関係をテーマにしている。近年の「アラブの春」にもみられたように、新たな通信技術は民衆の動員を容易にするツールとなる。この章で取り上げている旧チェコスロバキアの社会主義体制崩壊の過程でも、市民社会とともに、ロックやラジオが果たした役割を重視する説が存在する。だが、より詳しく検証すると、いずれも体制崩壊の決定的要因ではなかったことがわかる。そこで、「プラハの春」が閉じられて以降のチェコスロバキアについて、当時の文化とメディアの代表であるロックとテレビが権威主義体制の維持に果たした役割について考察している。

第7章「社会主義的近代とイスラームが交わるところ――ウズベキスタンのイスラーム・ベール問題からの眺め」(帯谷知可)は、中央アジアのウズベキスタンのイスラーム・ベールをめぐる言説の変遷を分析し、ベールが持つ政治的・社会的な意味合いの多元性に注目する。半世紀以上にわたる旧ソ連の支配から脱却した現在のウズベキスタンは、イスラームを伝統文化の一部とする権威主義体制のもとにある。社会主義時代に徹底された世俗主義を反映し、ベールを拒否するウズベク人がいる一方、それを積極的に着用する女性たちが現れている。後者は、伝統の復活というよりは、内外のイスラーム復興、市場経済化、グローバリゼーションを背景に生じた新しい現象であり、それをまとう個人にとっても、現代性に向けて前進する決意表明を意味することもありうるという。しかし、国家の側は「対テロ戦争の正義」の言説を利用して、ベールをイスラーム過激主義と結び付け、ベールを肯定する人々をおしなべて他者として排除する構図が出現している。

最後の第8章「資本主義の未来――イスラーム金融からの問いかけ」(長岡慎介)は、イスラーム金融という観点から、イスラームと現代性の親和的関係に迫っている。イスラーム金融は、その名前のイメージからして近代的な資本主義と対立的に捉えられがちである。だが、前世紀を通じて着実にその機能を果たしてきたイスラーム金融は、グローバル化が急速に進む今世紀に入っても堅実な存在感を示している。その展開の過程をたどると、現代のイスラーム金融は、近代以前のイスラーム文明の遺産を引き継いだのではなく、現代世界の需要に合うように資本主義の知恵を取り入れて自らを再構築してきたことがわかる。そこには、実体経済から乖離し、高速で大量取引のマネーゲームが帰結する不安定な今世紀の投機的資本主義に対する警告を読み取ることができる。

様々な方向のベクトルを持ちながら、社会、国家、地域・世界の三つのレベルで秩序融解が同時に起きているとはいえ、本書の第2章から第4章までの分析が典型的に示しているように、国家と社会のレベルでの動向が地域レベルの秩序変動に大きく影響している点が今世紀に入ってからの一つの基調になっている。二十世紀でも三つのレベルの相互作用は秩序の全体像を捉えるためには考慮する必要があったが、世界レベルでの覇権国不在という現在の条件のもとで、地域・世界レベルの秩序変動に国家レベルの動態の影響がより現れやすくなっている状況が生まれていると考えられる。そして、その国家レベルの動態は、グローバル化の影響を受けながら変動するそれぞれの社会との間の相互作用を抜きには的確に分析できない。いずれにせよ、本書の考察は、今後の地域・世界レベルでの秩序再編を考える視点として、国家レベルの変動が惹起する作用を据えることが重要であることを示している。

他方、多くの人間は、今日の秩序融解のような、将来の予測が全くつかない不確実な状況に長期にわたって耐えられるものではない。そこで、紛争関係にある相手との間に、当座のものであっても、一定の了解や合意（「暫定協定」modus vivendi）を何とか成立させようとする。本書に収めた論考にもそうした方向性を確認することができる。「フラット化しない世界」では、各地域の様々な日常や実践の場でそうした「暫定協定」に向けた試行錯誤が繰り返されている。二十一世紀の世界秩序は、日常や実践の場での「暫定協定」の積み重ね、組み合わせから紡ぎ出されるのだろう。私たちには、世界各地で営まれる秩序に向けた日常や現場での努力、営為（ザッヘ）に注意を払い、それらを接合し、新たな秩序に紡いでいくことが求められている。

注

（1）ジョン・L・ギャディス『ロング・ピース——冷戦史の証言「核・緊張・平和」』五味俊樹ほか訳、芦書房、二〇

〇二年
(2) フランシス・フクヤマ『歴史の終わり』上・下、渡部昇一訳・特別解説、三笠書房、二〇〇五年
(3) S・P・ハンチントン『第三の波――二十世紀後半の民主化』坪郷実/中道寿一/藪野祐三訳、三嶺書房、一九九五年
(4) ニーアル・ファーガソン『劣化国家』櫻井祐子訳、東洋経済新報社、二〇一三年
(5) スティーブンズは、「国際情勢のきわめて予測不可能な状態」を「無秩序」と定義している(ブレット・スティーブンズ『撤退するアメリカと「無秩序」の世紀――そして世界の警察はいなくなった』藤原朝子訳、ダイヤモンド社、二〇一五年)。
(6) イアン・ブレマー『「Gゼロ」後の世界――主導国なき時代の勝者はだれか』北沢格訳、日本経済新聞出版社、二〇一二年
(7) トーマス・フリードマン『フラット化する世界――経済の大転換と人間の未来』上・下、伏見威蕃訳、日本経済新聞社、二〇〇六年。一九九〇年代に、そうしたグローバル化に批判的な「反グローバル運動」も存在したが、当時のイメージとしては、圧倒的な存在感を有するアメリカ合衆国に対する「異議申し立て」といったところだった。
(8) 村上勇介/仙石学編『ネオリベラリズムの実践現場――中東欧・ロシアとラテンアメリカ』(地域研究のフロンティア)、京都大学学術出版会、二〇一三年
(9) 「民主主義は最悪の政治形態である。ただし、それ以外を除いては」という逆説的なウィンストン・チャーチルの警句を想起する必要がある。
(10) Joshua Kurlantzick, *Democracy in Retreat: The Revolt of the Middle Class and the Worldwide Decline of Representative Government*, Yale University Press, 2013. 民主主義を支える社会経済的な基盤については、ロバート・A・ダール『ポリアーキー』(高畠通敏/前田脩訳〔岩波文庫〕、岩波書店、二〇一四年)を参照。
(11) ロバート・D・カプラン『地政学の逆襲――「影のCIA」が予測する覇権の世界地図』櫻井祐子訳、朝日新聞出版、二〇一四年、木村雅昭『「グローバリズム」の歴史社会学――フラット化しない世界』ミネルヴァ書房、二〇一三年

（12）アジアとヨーロッパの秩序の対比については、Henry Kissinger, *World Order*, Penguin, 2014、永井陽之助『冷戦の起源――戦後アジアの国際環境』（〔叢書国際環境〕、中央公論社、一九七八年）などを参照。

（13）分析視角として究極的な「攻撃的現実主義」を提唱し、アメリカと中国の対立の激化は不可避とするミアシャイマーは、日本の核武装化を予測する（ジョン・J・ミアシャイマー『大国政治の悲劇――米中は必ず衝突する！』改訂版、奥山真司訳、五月書房、二〇一四年）。アメリカと中国はむしろ協調すると分析するホワイトも、日本はアメリカの防衛体制から自立した核武装国になるとする点ではミアシャイマーと同意見である（ヒュー・ホワイト『アメリカが中国を選ぶ日――覇権国なきアジアの命運』徳川家広訳、勁草書房、二〇一四年）。起こりうる可能性は低いが極端な最良の場合（多国間の協調体制の形成）と最悪の場合（大国間の対立）を明示し、実際にはその両者の間をいくだろうという慎重な分析を展開するモイジの議論では、最悪ケースの場合に、日本の核武装化が想定されている（ドミニク・モイジ『「感情」の地政学――恐怖・屈辱・希望はいかにして世界を創り変えるか』櫻井祐子訳、早川書房、二〇一〇年）。日本がアメリカから「自立」しつつあると分析するスティーブンズは、「日本は、いざとなったら核兵器をつくれる権利は確保しておきたいと考えている」（前掲『撤退するアメリカと「無秩序」の世紀』）と分析している。新たな国際的核兵器管理体制の確立に日本が主導的な役割を果たすことを提唱するドーアの議論（ロナルド・ドーア『日本の転機――米中の狭間でどう生き残るか』〔ちくま新書〕、筑摩書房、二〇一二年）の背景には、日本の核武装化への懸念が存在すると考えられる。そうした究極的な選択を強いられる事態に至らないよう、日本は、「戦争が割に合わない世界」（植木千可子『平和のための戦争論――集団的自衛権は何をもたらすのか？』〔ちくま新書〕、筑摩書房、二〇一五年）を構築する外交的・戦略的な努力を含む抑止力の向上を具体的にどう図っていくのか、真剣に考える必要に迫られている。

（14）前掲『「Gゼロ」後の世界』

（15）先行分析の世界秩序の将来像については、Hedley Bull, *The Anarchical Society: A Study of Order in World Politics*, 2nd. Edition, Columbia University Press, 2002、ジョセフ・S・ナイ・ジュニア／デイヴィッド・A・ウェルチ『国際紛争――理論と歴史』（田中明彦／村田晃嗣訳、有斐閣、二〇一三年）などを参照。

（16）「新しい中世」については、Bull, *Op.Cit.*、田中明彦『新しい中世――相互依存深まる世界システム』（〔日経ビジネス人文庫〕、日本経済新聞社、二〇〇三年）などを参照。一定の領域に影響力を有する複数の権威の中心が併存するという点では、ハンチントンの文明衝突論（サミュエル・ハンチントン『文明の衝突』鈴木主税訳、集英社、一九九八年）も同じ範疇の分析である。

第1部　国家の動態、地域の変容

第1章　ボーダースタディーズからみた世界と秩序

――混迷する社会の可視化を求めて

岩下明裕

はじめに――地域研究のコンパスとしてのボーダースタディーズ

世界が壊れ始めている。そのような実感をいまや誰もが持ち始めているように思う。三十年前、ミハイル・ゴルバチョフの下、ソビエト連邦でペレストロイカが始まり、東欧変動が起こり、冷戦が終わったとき、人々の多くは多幸感のなかにいた。二十年前、ポスト冷戦の現実に直面し、冷戦期に眠り込まされていた紛争が呼び起こされ（『眠れる森の美女』）、いやかつて存在しなかった紛争が生み出され（『フランケンシュタイン』[1]）、「壁」が消えた新しい苦しみを味わい始めたときでも、ヨーロッパの統合や先進国の民主主義の力を信じていた。十年前でもまだ「独裁」「民主主義や人権への抑圧」がここまで広がるとは思わなかった。今日の世界は、中国やロシアなどで高まる社会のなかの混迷と緊張、領土問題やナショナリズムによる狂気とも思える隣国同士の衝突、宗教の名をかたった一方的な簒奪と迫害の繰り返し、殺到する移民の前でなすすべがない民主社会、混迷し先行きの見通せない世界経済、そして地球をむしばむ環境破壊に直面している。グローバル化で世界が同時に崩れていく姿を目の当たりにするとき、ただ無力感だけにとらわれる。そしてわが国の昨今の政治の迷走は、人間がもはや自らの言葉に責任を持たず、力を持つ者が己のただやりたいようにやる、獣の群れような社会がそこまで迫ってきている現実を私たちに知らしめる。

このようなとき、世界と秩序をどのように語ればいいのだろうか。既存の人文・社会科学もまた個々のディシプリンや研究対象の「壁」を乗り越えることができず、ただ自らの貢献について繰り返すしかすべがないようにさえみえる。権力者が「人文・社会系の学問など無用」と発言するとき、「一見、無用にみえる教養にこそ意味がある」「社会に有用な学問に衣装を変える」と突っ張ってみたとしても、外からは内向きな仲間うちでの傷のなめ合いにしかみえず、新たな展望を示すものとはならないだろう。

たとえば、社会的な有用性をうたいながら、地域と関わることで様々な貢献をしようとした学問領域として地域研究がある。地域研究とは、そもそも地域に関わる総合的かつマルチディシプリンな学問だから、一つのエリアを対象とするかぎり、文理協働や社会への貢献など多くの知見がもたらされることが期待されてきた。確かにセオリーとしてはいまでもそうである。だが、現実はいつもセオリーを裏切る。地域研究を統合しようとした数十年来の試みは、残念ながら、いまだ画期的な成果を生み出していない。理由はいくつもある。地域研究者はそれぞれの地域によりもぐり込もうとするから、必然的にエリア内での細分化が起こる。このことは優秀な地域学者であればあるほど、一つの地域では現地の生活者に劣らないほどの知見を有していても、隣の地域については素人になりかねないことを意味する。

ましてや、マクロな地域を超えた統合など「壁」に描いた餅である。方法論や情報共有などでそれぞれの研究が豊かになり、刺激を受けることは可能である。たとえば、地域研究コンソーシアム(2)の設立と発展の歩みはその成功を表している。それまで地域を超えた研究者群が相互に出会う場は限られたから、地域の名前で共通の議論ができる場が生まれたことは大いに意味があった。だが問題はそこから先である。ただでさえ、マルチディシプリンであるだけでなく、同じエリアを研究する者同士でもしばしば対話が成り立たないのに、エリアが違うならば、なおさらだろう。

エリアや細分化した地域を比較し、分析の結果を統合するためには、それぞれの地域に共通した現象を析出する視座とその分析のためのツールが必要である。ボーダースタディーズ（境界研究）は、そもそも地域ごとに細分化された事象について、ボーダーに関わる視座を素材としながら、様々な事例を集積するエンピリカルな学問として始まった[3]。当初、それは「諸境界の研究（study of borders）」と表現され、共有する枠組みや方法論の模索はなされていたものの、あまり成功はしなかった。理由は何よりもそれがアメリカ・メキシコ国境地域、欧州の一部の地域などのケーススタディーから始まったこと、第二に、前者がアメリカ・カナダ国境地域との比較、欧州の者が欧州内での比較として研究コミュニティーが成長するとはいえ、いわゆる「先進社会」を中心とした境界研究の経験しか集積しなかったこと、第三に、物理的に紛争が絶えないアジア・アフリカなどの研究が国際法や紛争研究などハードな学問分野に引き付けられ、日常生活や国境管理、メンタル面や社会構築に力点をおきつつあった先達の研究コミュニティーとあまり融合できなかったことにある。

だがわが国も含む、近年のアジアやユーラシアでのボーダースタディーズの研究コミュニティーの急速な発展が、世界中の事例研究の蓄積への道を開くとともに、欧米中心の「平和な」社会を相対化する方法論や枠組みを生み出しつつあることが、ボーダースタディーズそのものの質的な変化をもたらした[4]。アジア、アフリカなどの境界地域の分析に地域研究として取り組んだ研究者たちも、ボーダーそのものについての理論的知見に関心を持ち始め、欧米の研究コミュニティーをリードする境界地域研究学会（Association for Borderlands Studies）やネットワーク移行期の境界地域（Border Regions in Transition）などに合流しつつある[5]。

本章は、このような地域を超え、地域を結ぶ可能性がある学問として、いまだ途上にあるが、そのスケールを示しつつあるボーダースタディーズの枠組みを使って、グローバル化で壊れつつあると思われる社会を読み解くとともに、新しい世界と秩序を模索する手がかりを見いだそうとする実験的な論考である。本書で筆者が提起するいくつかの理論装置は、ボーダースタディーズのなかではなじみがあるものだが、その定義や機能的操作による分析アプローチはかなりの程度、筆者独自のものであり、熟していないものも少なくない。本章によって読者が少しでも未見の学問領域の醍醐味に関心を持ってもらえれば筆者の喜びである。なお本章は、筆者が本書とほぼ同時に上梓する『入門 国境学——領土、主権、イデオロギー』（中公新書）、中央公論新社、二〇一六年）のなかで、特に理論的なツールの部分を再構成し、社会分析に適用したものであることをあらかじめお断りしておく。

1　ボーダースタディーズの三つのアプローチ

ボーダースタディーズとは、人間が生存する実態空間そのものと、その人間が有する空間および集合認識のなかで派生する差異化（自他の区別）をもたらす境界をめぐる現象を材料に、グローバル化する世界で様々に形成され変容する空間の脱／再領域化とその境界を多面的に分析する学問領域である。これは特に空間をめぐる紛争（権力、移民、物流、文化など人間生活に関わるあらゆる衝突）回避メカニズムの解明をおこなうとともに、現代社会が実態空間として国と国の接触点（国境）や民族と民族が対立あるいは協力する様々な衝突点を有することに鑑み、ボーダーに分断され、あるいはボーダーをまたいで生活する人々が実態に左右されながらも、ある場所では自他の認識を鮮明に、別の場所では曖昧なグラデーションをもって表象する様相を追跡する。もとよりこれらの境界が実態でも認識でもズレを抱え込みながら、歴史のなかで再生産され続けるかぎり、ボーダースタディーズはこのような境界現象に関わる問題をどのように読み解くかという問題意識を共有しながら、具体的なエリアで問題の存在を探り、その問題の様態を考察し、解決方法を模索し、その実現に向けて提言をもおこなう。

実際、グローバル化した世界は、同一にあるいは近接空間で、複数の境界現象を同時にあるいは時差をともない頻出させる。ボーダースタディーズでは空間の borderization（境界づけ）を re-borderization（再境界づけ）、de-borderization（脱境界づけ）、trans-borderlization（越境）と区分けし、これらを一連のプロセスとして分析する。

タイムライン

アメリカ・メキシコ境界地域研究の泰斗オスカー・マルチネスはその名著『境界の人々』[6]のなかで、アメリカ・メキシコ境界地域のタイプを「砦」「共存」「相互依存」「統合」という四つの段階に区分し、これが前者から後者に向かって変化してきたとモデル化する。マルチネスは、かつて「砦」として軍事的衝突の最前線でしかなかった境界地域が、どうして人々をつなぐ平和と共生の性格を持ち、さらには相互に依存することでユニークな特性を得てきたのかを丹念に分析し、その後景を軍事力の高度化やハイテク化によって安全保障上の国境の重みが低下したことにみる。経済のグローバル化もまた境界地域をして国家を超えた関係性構築のための結節点と化し、たとえば、NAFTA（北米自由貿易協定）のもとでのメキシコのマキラドーラの発展にみられるような、新たなビジネスの機会をもたらす空間の創出といったプラスイメージをもたらしたとする。

マルチネスのモデルでは、北米では国境をめぐる紛争から画定、そして移民管理など国境管理に対応しながらNAFTAによる経済的協力を進めるといった進捗のプロセスで、また、欧州では第二次世界大戦を経たヨーロッパ共同体創設の歩み、具体的にはEEC（欧州経済共同体）からEU（欧州連合）、そして域内の人の移動を自由化したシェンゲン協定や共通通貨ユーロの導入によって、時系列的には紛争から統合へ向かう一方通行的なイメージで長年、理解されてきた。これはある意味で、学問的には国際統合論、レジーム論、相互依存論など程度の差はあれ、世界が一体化していくことを想定した学問領域の隆盛と軌を一にしている。だが、次節で詳述するように、近年の世界や地域の秩序はマルチネスのモデルが単線的ではないということを示唆している。統合されたり、相互依存で安定していた地域が突然ボーダーで切り離され、場合によっては紛争の最前線と化す。いわば「砦」返りのような現象を様々な地域で拾い出すことができる。筆者はこれをタイムライン構成（境界づけ現象の時系列と脱時系列によるパターン分析）として分析のツールの一つとして位置づける。

透過性

ボーダースタディーズが着目するもう一つのボーダーを考える際の視座が trans-borderization（越境）である。通常の越境研究は、多くの場合、移民研究と接合し、越境する主体に着目し、それがどこからどこにいくのか、あるいはどのようなネットワークとつながるのか、などアクターを軸として、あるいはそのアクターが関わるシアター、つまり地域にまなざしをおいてこれを分析しようとする。しかし、ボーダースタディーズは違う。これはそれぞれのアクターや地域を超えて、通常は客体として扱われるボーダーそのものを主語として拾い出し、その機能を分析する。ここでボーダーの存在はどのような地域であれ、同じ機能を有するものとして抽出できる。いわゆる、そのボーダーが一種の膜として何を通して何を通さないのか、いつ通していつ通さないのか、通す場合でもその範囲や程度はどのようにマネージされるのかを問う。これは物理学や化学の用語である permeability（透過性）という概念を援用することによって説明され、世界中の越境現象を比較しうるツールとなる(7)。

たとえば、アメリカ・メキシコ国境ではアメリカ側からメキシコへはほとんどを自由に通過させる一方、メキシコ側からアメリカへは国籍やステータスによるフィルタリングがおこなわれる。同様の現象はＥＵでもある。シェンゲン協定はアジア国籍者に選別的であることはよく知られるが、ロシアに甘いフィンランド、北アフリカから地中海越えで移民が殺到するイタリアなどの対応差がＥＵ内の移民管理を複雑にしてきた。これも透過性の観点から分析と整理ができる。もとより、このような移民管理は世界中にあるから、地域を超えて比較ができる。透過するものが人か物であれば、その人や物のインデックスを作ることで客観的な分析がなしうる。欧米の事象分析と比較対照させながら、アジアやユーラシアでの越境現象、つまりロシア極東での中国人移民問題、対馬や稚内など日本の境界地域での隣接空間との交流の実相、近い将来起こりうる北朝鮮難民の越境（非武装地帯や海域）可能性なども拾い上げることができる。

構築度

ボーダースタディーズが提示する三つめのツールが、フィジカルな境界に対する人間の表象活動とその政治性のレベルを分析しようとするコントラクティズム的な分析である。いわゆる、社会構築が物理的な存在以上にものごとを規定しうるという考え方は、社会科学でいまや主流となりつつある。しかしながら、紛争や領土問題など、ハードな事象の分析については、その物理的な力の関数による事態の規定性が強すぎるため、どの程度まで社会構築がこれを規制しうるか、あるいは逆に助長するのか、は常に論議の対象となる。EUや北米など社会構築の対象性を捉えやすい地域と、構築を論じても物理的な暴力と対峙するとき虚しさばかりがつのるアジア、ユーラシアの紛争現場とを折り合わせるのはなかなか容易ではない(8)。

だが、確かにある面で、物理的な境界はその構築によって大きくもなり、小さくもなる。筆者は中国・ロシア国境問題を長年、エンピリカルに追跡したが、ダマンスキー（珍宝）島という表象が、中ソ・中ロ関係で大きくもなり、小さくもなる現象をみた。一九六九年二月、突如として戦場と化した（それまで誰も知らなかった）小島は、中ソ対立のシンボルとなり、国民がこれによって動員された。他方でペレストロイカ以降、中ソ和解を目指す両国は「ダマンスキーを繰り返すな」を合言葉に国境問題の解決を急ぎ、ついには成し遂げる。そして、国境問題が完全解決されたいま、ダマンスキーの名を思い出す者は数少ない。対照的に、それまであまり言説のなかで大きくなかった尖閣がシンボライズされ、日中関係に大きな影響を与えている。筆者は、このように紛争と関わる社会構築の変化を、時代とともに位置づけてみる作業の必要性を重要視する。ともすれば、言説はかつてからその紛争があったかのような神話を作り出す。ここでは繰り返さないが、「北方領土問題」は日本の敗戦直後から存在したわけではなく、五〇年代の日ソ国交回復交渉と結末を受けて、その後、生み出された言説にすぎないことを、いまではわが国の誰もが知っている。

2　世界の秩序を読み解く

冷戦とポスト冷戦の読み方

冷戦とは、文字どおり凍りついてはいたが、少なくとも米ソの直接対決や欧州での軍事紛争が起こらなかったという意味では、一種の「平和」の状態を作り出した事象といえた。ボーダースタディーズの観点からこれをみるとき、三つの特徴が抽出できる。第一に、それはボーダーの固定を生み出し、当初は人や物の流れをかなりの程度、「要塞」的な機能で抑え込んできた。だがやがてニキータ・フルシチョフがスローガンで掲げたような「共存」へと転化し、さらにはデタント期に入ると貿易やエネルギー、人の移動などである程度の相互依存関係を作り出すところまで変容していく。ボーダーが時間とともにその透過性を緩やかとはいえ高めていったケースである。

第二に、いわゆる国家主権のあり方が第二次世界大戦以前と大きく変わった点が挙げられる。確かに大戦前でもグレートパワー（列強）の存在によって実質的な主権や個々の国家が管轄しうる空間は、現実の物理的な権力によって規定されていたものの、大戦後の核兵器の集中と国家を超えたイデオロギーの独占などによって旧来の国家による空間の境界づけ機能は弱まり、ワシントンとモスクワを頂点とした二極的な世界が形成され、その接触する地域が実質的な権力と空間の境界となった。もちろん、このことが二つの空間内での構造の均質化を意味するわけではなく、東側陣営ではユーゴスラビアや中国などナショナルなものを軸とした相反を、西側陣営では経済統合をベースにした欧州空間の成立と発展による相反を、それぞれ生み出していく。シンプルにいえば、透過性が最も低減化した境界は、東側と西側という一種の超国家的空間に引かれていたのに対し、それぞれの空間のなかを領域化する境界は透過性が高まったと整理しうる。

第三に、最初に述べた境界の固形化、つまり非流動性が人間の生活とその観念の投影に大きな影響を与えた。紛争で絶えず境界が移動するような状況で、人間が自らの表象を境界に構築するのは容易ではない。実は社会構築の度合いは、紛争それ自体の強度以上に、再領域化された空間の永続性、つまり境界の固形化の持続と密接に関わると思われる。先の「ダマンスキー島＝珍宝島」の表象にしても、どちらかの国が一方的に勝利していれば、敗戦側にはリベンジの源泉となったとしても、中国・ロシア両国に「共有し続けられる」シンボルにはならなかっただろう。境界に関する構築をめぐる言説や諸研究を鳥瞰すれば、アメリカ・メキシコ国境、「ベルリンの壁」はもとより、板門店と非武装地帯、イスラエルとパレスチナ、インドとカシミールの紛争を取り扱ったものが目につく。これは紛争と結び付けられた境界の非流動性がこれらの状況を引き起こすことを示唆する。冷戦の空間的スケールは、これに付随する様々な表象や言説を人々にもたらしたが、とりわけ冷戦を「長い平和」とする言説は、いったん固形化したものが持つ息の長さ、つまり境界が動くことを忘却する人間の慣性も想起させる。しかし、「長い」ばかりか「平和」もまた構築にすぎないことは、アジアやアフリカでの冷戦期の軍事衝突をみれば明らかである。「壁」さえも社会構築ができない流動性の高い様々なレベルでの紛争の重層化は当時も、そしていまも継続している。

これらを総合するとき、「ベルリンの壁」の崩壊に代表される東側陣営の解体が、世界を大きく規定していた陣営と陣営の間の最も透過性が低減していた「険しい」境界を消滅させた、という意味では画期となるに疑いはない。欧州では、これは空間の統合、つまり、マルチネス・モデルの最終段階へのプロセスに思えた。しかし他方で、大きな空間での統合プロセスの進捗と同時に、チェコとスロバキアの分離独立などナショナルな境界による再領域化が起こり、また、これに包摂しえない空間ではユーゴスラビアのように分離や内戦の連鎖が生じた。加えて、隣接する旧ソ連空間の再領域化とその境界をめぐる新たな紛争の萌芽は、欧州の周りをみるかぎり、マルチネス・モデルが決して単線的なものではないことをも示唆していた。言い換えれば、統合した境界に再び亀裂が生じ、場合によっては紛争を経て「砦」と化す。しかもその境界は必ずしもナショナルなものではなく、そのときの偶然と力関係によって大きく左右されるという現実が現れ始めていた。境界をめぐる変容はマルチネスの四類型のどの段階も再現しうるループの輪であることが研究者にも意識され始めている。欧州でのボーダースタディーズの隆盛が、この冷戦の終焉を契機としたのは偶然ではない。

とはいえ、冷戦期の境界をめぐる状況の地域での位相差は、いわゆるポスト冷戦の捉え方にも違いをもたらす。統合への道筋を展望していた「先進社会」とは異なり、アジアやアフリカでは冷戦の終結にもかかわらず、それ以前の状況が有していた基本構造が根本的に変わることは少なく、ソ連という超大国の消滅は、それまでもある程度は機能していたナショナルな空間を軸とした境界の強化と再構築をむしろ促し、これはしばしば残された超大国、アメリカへの抵抗あるいはアメリカへの接近を引き起こした。ここでは「砦」から「共存」の狭間で苦しむ世界、「相互依存」が進みながらも「統合」が遠のく境界、いまだ軍事的紛争の最前線にたつ地域など様々な現況を発現させていく。そしてアメリカの力が及ばない地域では、米ソのレジームに依っていた安定も保持できず、世界の統制が及ばない無政府、あるいは新たな地域権力の台頭をもたらすことになった。タリバン、アルカイダといった勢力が地域に根付き、世界はこれに対してどのように向き合うか苦闘する。

翻って、統合へ向かったと思われた先進諸国による空間も、その内外から挑戦を受ける。域外からの移民をどのようにマネージするか、これは何よりも、「9・11」で挑戦を受けたアメリカではセキュリタイゼーションを重視した「スマート・ボーダー」政策による境界の透過性の再低減化を引き起こした。[9] 移民問題は、シェンゲンの外から押し寄せる難民のコントロールや東側陣営を吸収した拡大空間の統合をどのように維持するかという難問を欧州に突き付けた。欧州のなかで経済と移民をめぐって再び再領域化が起き、ナショナルな境界が再現され、その透過性を再び低めつつある。

「統合された空間」をある日「砦」と化す、時計を逆戻しするかのようなタイムラインの再構成と、それにともなう透過性の変容は、固形化されない境界をしばしば世界に生み出している。このとき社会構築は境界や「壁」にではなく、境界づけられた空間の秩序を乱す外からのアクターに向けられるしかない。それは「テロリスト」

「売国奴」などと、秩序づけられた空間の破壊者、あるいはナショナルな境界を掘り崩す悪魔として表現され、空間の内部の秩序づけのためにその表象が使われる。ヘンク・ファン・フォウトムはこれを「境界による秩序化((b)ordering)」と呼ぶが、それは「他者化(othering)」と一体となった概念である。[10]

ポスト冷戦の終わり

世界が壊れ始めているようにみえる。このイメージが正しいのは、世界の再領域化と脱領域化が「砦から統合へ向かう」といった単線的なタイムラインではなく、その様々な類型化された段階が、いろいろな空間で同時に生じているからである。そして流動性が高い状況が続くかぎり、既存の構築による切り口もまた無力化される。その意味で、実は世界が壊れているのではなく、おそらくはそれを追いかけようとする人間の観念がついていけないという表現が正鵠を得ているように思う。いずれにせよ、筆者は「ポスト冷戦」が二重の意味で終了したと考えている。第一に、超大国をもってしても、列強の連合によっても世界を制御できる時代が終わったということである。はやりの言い方をすれば、これを「近代の終わり」ということも可能だろう(近代に国家が世界を制御できていたというのは、ウエストファリア体制と並ぶ言説の一種にすぎないと思うが)。しかし、これを「新しい中世」というのもまた言葉足らずである。なぜなら、「中世」に匹敵する共有された(それぞれの空間を律する)権威など存在せず、ナショナルな空間と主権への幻想が世界をいまだ大きく規定していて、何よりもグローバル化は世界を密度が高い相互依存でしばりつけ、移民のネットワークは複雑で、たとえば世界での「暗黒の空間」が実は先進社会の住人たちから構成されていたりするからである。このような錯綜した現象に与えうる名前をいまだ私たちは見いだしていない。だからこそ、大きな不安にさいなまれるのだろうが、踏みとどまるべき点があるとすれば、構築的な境界を通じて他者化し、「敵」として再生産する相手もまた同じ状況に苦しんでいるかもしれないという想像力にある。そのために不可欠な作業は、それぞれの地域の実情をもとに、様々な言説、特に主権と国家に関わるものを相対化し、組み替えていくことだろう。「ポスト・ポスト冷戦」に対する名辞や新たな言説を作るのが私たちのミッションではある。だがその途上にある現在、どのように対処したらいいのか。次節では、日本とその周りをシアターとして、ボーダースタディーズによる挑戦を整理してみよう。

3　日本と周りの秩序を読み解く

日本の境界の重層性

第二次世界大戦後の日本をめぐる秩序は、世界との連関でいえば、アメリカに大きく規定されてきた。これは、敗戦によるアメリカの占領、サンフランシスコ体制による独立の回復、日米安保体制のもとでの奄美、小笠原、沖縄の返還、そして昨今の安保法制の成立による（地域を超え世界に向けた）日米軍事同盟の形成をみても明らかである。

この一連の流れの要因を、アメリカの意向に逆らえない日本の「受動性」に見いだす人も多いが、筆者は必ずしもそう思わない。確かに敗戦後から一九五〇年代まで、また七〇年代から八〇年代にかけて、日本の独自の道を見いだそうという動きもあったが、総じてアメリカと積極的に一体化することが国益であり、日本の支配層は自らこれを主体的に望んできたと考える。ここで特筆すべきは、日本のロビーや外交の表現形態が変わったということだろう。長年、日本の外交はその実態を表に見せず水面下で仕掛ける「スマートな外交」を基線としてきた。しかし、二〇一〇年に勃発した中国漁船銃撃事件による日中関係の政治的緊張がこのような状況を一変させた。その意味で自民党支配による安倍政権のアグレッシブな外交姿勢は、質的な変化という以上に、いままで水面下でしか対応してこなかったもの、できなかったものが一度に噴出してきたものともいえ、それ以前の日本外交とむしろ連続的に捉えられる側面も少なくない[11]。

このような日本は、ボーダースタディーズの視点からはどのようにみえるだろう。振り返れば、日本の前近代

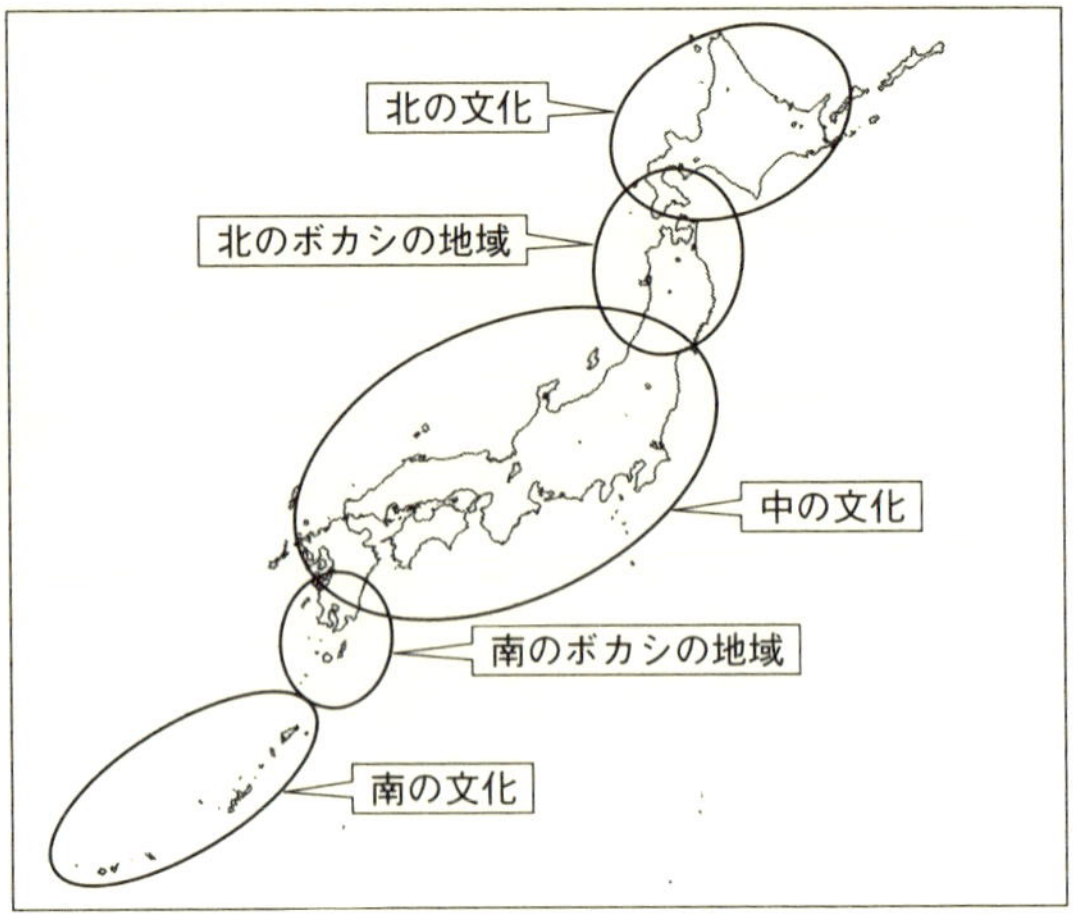

図1　中の文化
（出典：藤本強『日本列島の三つの文化』同成社、2009年、6ページ）

の形はいまとは全く異なっていた。外務省の飯倉公館に掲げられた平山郁夫画伯の『日本列島誕生図』（一九六八年）の地図に北海道と沖縄が描かれていないのはその象徴である。「固有の」という言葉を字句に沿って正しく「元来の」「本来の」という意味に限定すれば、「固有の日本」がいわゆるヤマトが中心となった「中の文化」にとどまることは前近代史研究者には共有された認識である。「中の文化」が北と南を凌駕していった結果、成立したのが近代日本の空間であり、その外の空間との接点が、いわゆる国境の誕生である。[12]これは江戸時代から明治時代にかけて生み出された境界であり、千島と樺太の境界を定めた日本とロシアの取り決め、琉球を併合し八重山を分界とした清との交渉、小笠原の領有、これらが日本の形の原形を作ったといえる。

問題はこの地点で、日本は非ヤマト的な世界を内包したという事実である。蝦夷と呼ばれ弥生時代を持たない北海道と、独自の王朝史を有する沖縄をその内部に取り込んだことで、日本はより多元的・多文化的な空間で構成されたのだが、政治体制では明治憲法のもと、天皇を頂点とした均一化した社会の形成が要請された。いわば、ヤマトではない空間と社会をヤマト的なイデオロギーと権力構造で統合するときに、社会の亀裂と矛盾は深く水面下に押しやられることになった。その民族主義的な活動で知られる政治家西村眞吾が北海道博物館を「反ヤマト的」と揶揄するのはある意味で正しい。なぜならば、地域の歴史を現地の視座で描こうとするとき、「非ヤマト的空間」がヤマトを自ら正当化することは難しいからだ。これは沖縄の博物館にも通底するものといえる。

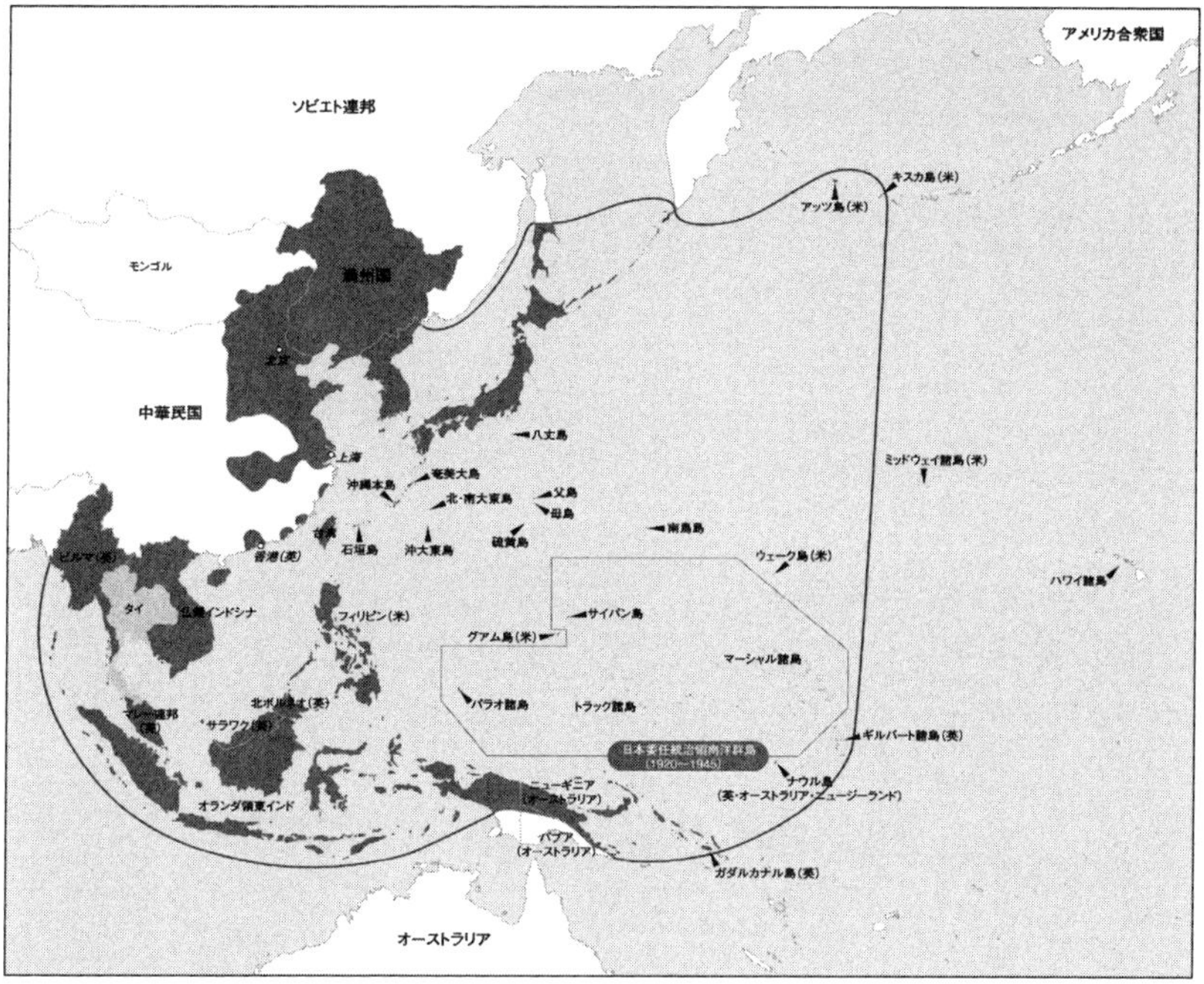

図２　最大限日本の領域
（出典：岩下明裕編『日本の「国境問題」――現場から考える』〔別冊「環」第19号〕、藤原書店、2012年、13ページ）

　しかしながら、問題は、これが「ヤマト対非ヤマト」の二項対立では必ずしもないという点にある。たとえば、「反ヤマト」の言説のなかに「北海道や千島がアイヌのもの」という言い方がある。これは二重の意味で疑義を生じさせる。なぜなら、第一にアイヌには土地を所有するという発想がなかったから、第二に北海道、千島、そして樺太など地域名を冠したアイヌは一体のものではなかった、つまり北海道アイヌと千島アイヌの間にはほぼコミュニケーションなどなく、これを一つの民族共同体というのは難しく、むしろ樺太アイヌは樺太に暮らす別の先住民とはるかに緊密な関係を有していたからである。(13) つまり「反ヤマト」という表象の対概念として「アイヌ」と同じレベルで対置することはできないということである。

　沖縄の事例も同様である。「反ヤマト」の言説では、琉球や沖縄が一体となってこれと向き合うといったものがある。だがそれは実際には那覇や首里を中心とした史観にすぎない。奄美や八重山には琉球王朝から征服されたという裏返しの認識がいまでもある。実際、琉球王朝そのものが北と南を征服してできたものであり、その延長で奄美や八重山を併合していった。八重山の人々はいまでも「沖縄に行ってくる」と言って本島に行く。いや、この種の構造は入れ子のように続く。たとえば奄美と一口にいっても、その場合、大島を軸とした発想が強い。そして奄美の人々は一般に薩摩（鹿児島）に搾取されたという思いがある。だが、徳之島にも同様に薩摩からの搾取の記憶がある一方、大島への対抗意識もあり、大島を越えて内地に結び付こうとし、沖永良部や与論は沖縄の文化に「親しい」。八重山も同じである。石垣は自分たちこそ地域の中心だと思い、自らが辺境にあたるという意識は乏しい。与那国島はその八重山のなかでも疎外されている。だから彼らは台湾との親しさを強調する。

これらの地域のなかの境界を一つひとつ読み解くことは、それぞれの地域の支配層からあまり歓迎されないだろう。北海道や沖縄の「非ヤマト的性格」を強調することは東京の支配層から、八重山の「非琉球王朝的特性」を言えば那覇の地域エリートたちに、与那国の重要性を強調すれば石垣の人たちから、いい顔をされることはない。北海道でも、道東、オホーツク、道北へのまなざしは弱い。

境界地域の表象

ここまで説明すると、近隣諸国、つまり、ロシア、韓国、台湾・中国といまも係争している領土問題が日本という国家の成り立ちと深く関わっていることがわかる。実際、中国がいう日清戦争による台湾とその付属島嶼としての尖閣諸島の日本の「奪取」、韓国がいう日露戦争に乗じた竹島の編入、日露戦争後のサハリン島南部の日本への割譲といった一連の流れは、このヤマトによる領域拡大の延長線上にあるかどうかという論議となる。日本の歴史では、日本の近代化の成立（国家形成）とその膨張は区別されるし、その膨張も日露戦争までは是とし、その後の侵略への道と区分しようとする（昨今は、侵略も否定し、第二次世界大戦をも正当化する声が生まれつつあるが）。

ボーダースタディーズの観点からみたときには、日本の国家体制の内実の有無やその侵略性うんぬんではなく、日本の領域の拡大の仕方が問題となる。北海道の設置以後、明らかに日本国家は非ヤマト的世界へと空間を拡大し、ヤマト的な社会の統治を前提にこれを同化するか（一種の内地化）、切り離して植民地経営するか（外地としての統合）の違いはあっても、帝国的世界を形成した。このとき、近代国家が成立した時点では境界地域だった場所が、すべて連なる新たな空間への「中継地」へと変化した。[14] 稚内や根室は樺太や千島への、小笠原は南洋群島への、対馬は朝鮮への、八重山は台湾へのそれとなった。

翻れば、日本の敗戦時には、現在の日本の境界地域はすべてが境界ではなかったのである。サンフランシスコ平和条約が日本の範囲を「北海道、本州、四国、九州とそれに付属する小島」と定めたことで、四つの本島以外の日本の帰属が不確かなものとなった。北海道は厳密にいえば、ヤマト的な世界ではなかったのだが、先住民の統合と近代を通じた移民が行き届いていたから、これをヤマトとして表出することは可能だった。ここで日本はその領域縮小を「固有の日本」への回帰と重ね合わせ、「日本＝ヤマト」といった単一民族返りの「小日本」化を出発点とした（と錯覚した）。

戦後の、主として日米安保という同盟の進展が、日本に奄美、小笠原、沖縄の復帰を順次もたらしたことはすでに述べた。がこれは同時に、日本のなかの「ヤマト」を問い直すプロセスでもあった。小笠原はもともとマシュー・ペリーなども来航し、アメリカやイギリスが領有権を主張していたし、いわゆる欧米系島民が戦前から暮らしていた。敗戦後から一九六八年の復帰まで帰島を許されたのは欧米系だけであり、日本から旧島民が帰島し新島民が移住したいまでも本土とは異なる社会の風景が広がっている。沖縄はアメリカ軍統治から逃れるべく日本への復帰を強く望んだが、復帰したあともアメリカ軍が居座る本質は変わらず、逆にヤマトとの間の「差別」を突き付けられた状態のまま今日を迎えている。これに対して、ヤマトを継承するだけでなく、ヤマトの明治から昭和にかけての歴史をもって日本の国家を正統化しようとする権力は、この境界地域とのズレがもたらしている危機の本質に無理解である。

そのズレが最も表現されるのが領土問題であり、尖閣を日本の「固有の領土」と繰り返すその主張は、沖縄さえも本来の意味では日本の「固有の領土」ではないことも忘れ去っている（尖閣はもちろん中国の「固有の領土」であるはずもないが、厳密にいえば、沖縄の「固有の領土」でさえない）。北海道も「固有の日本」ではないとすれば、択捉や国後の南千島がそうであるはずもない。

境界が動き構築が揺さぶられ、その透過性が変容し、「砦から統合」までの段階が繰り返されるというボーダースタディーズの知見に鑑みるに、日本はいま未曾有の危機を迎えているように思う。明治以降の歴史を振り返っても、そのとき日本が得た領土や境界はいくつかの機会を捉えたものだった（小笠原、八重山、そして樺太はいずれも交渉によっては日本領にならない可能性があった）。そして近代以後、日本の境界が大きく変動してきた事実がある。戦前に膨張した国境は、戦後、大きく切り詰められた。そして現在、日本が小笠原や沖縄を自国領にしたのも、「北方領土」といわれる南千島の一部を（ソ連・ロシアから）取り戻せていないのも、戦後の政治、主としてアメリカとの関係性に規定された政治による。

この議論を敷衍すれば、「固有の日本」の境界が将来にわたって維持されるかどうかは不確かだという見通しが立つ。実際、第二次世界大戦での敗戦プロセスで、ヨシフ・スターリンは留萌から釧路に至る線引きで道東と道北を要求していた。[15] もしこの境界が現実となっていたら、根室から網走を通って稚内に向かうオホーツク縦貫線（興浜南線と北線の間など未完成区間が多く、いまはほとんどが廃線）が地域の主要幹線になっていたかもしれないと言う交通学の専門家さえいる。しかし、たとえば、この地域が千島と一体としてソ連に支配された「東日本人民民主主義共和国」なる空間として現れていたら、ソ連の解体にともない、日本は北海道の半分とともに全千島の復帰を果たしていたかもしれない。

いまの日本は「失われた領土」や「係争地となった島」に対して、郷愁と主張を強く持つが、自らの領土や境界が再び変わるかもしれないという危機感は薄いと思う。政府が真に国益を考えた領土教育をおこないたいならば、それは対外的に説得力を持たない「固有の領土」論や歴史的経緯での「わが国」の正当性を一方的に強調するだけではなく、領土や境界についての客観的な知識と思考を涵養し、これを維持するための知恵をどのようにしぼるかという側面をより強めることだろう。

現場と地域から再構築する

ところでこのような空間や境界の問題を、タイムライン、透過性、構築などで議論するとき、忘れてならないのは、その地域に暮らす人々についてである。前述のような空想的な仮説でも、地域の分断は日本や住人たちには大きな不幸をもたらしただろう。地域に暮らす人々の視座をこのように考えたとき、現在の領土や国境をめぐる問題も違った様相でみえてくる。

たとえば、根室。根室が「国境のまち」「国境地域」と称することを忌避されていることは周知のとおりである。それは政府が、日本の国境は択捉の先であるといい、いまだ境界が線ではなくゾーンとして地域として広範に成り立つだけでなく、これが動くことも理解していないからだ。それ以上に問題となるのは、根室の前には「見えない壁」が立ちはだかることである。わずか五キロ先の貝殻灯台から眼前に広がる水晶島に広がる海域は、昆布漁で地元の歯舞村と一体化した生活圏だった。だが、その生活の糧となる場に地元の漁民たちは自由に行けない[16]。つまり、透過性が著しく低減化した境界なのである。さらに歯舞群島は、根室町と歯舞村などの合併で誕生した根室市の明確な一部である（千島国に属していた択捉、国後、色丹とは歴史的に経緯が違う）。これはいわゆる「ベルリンの壁」などと並ぶ分断都市（空間）の事例であり、冷戦の最中も、冷戦が終わって三十年たったいまでも変化がない。納沙布岬に立つと、右翼が不法に建築した様々な構築物が見える。「北方領土奪還」「島を返せ」とうたった文字や像は人間が長期にわたって投影し続けた観念の大きさを表象する。これらの構築を解かないかぎり、物理的に領土問題を解決しえたとしても地域が健全な状況を取り戻すのは容易ではないだろう。

国家の交渉で動きはあった。一九九〇年代、日本とロシアが真剣に領土問題の解決に向けて協議していたのは事実である。にもかかわらず、そこに現地や住民への真の配慮があったとは思えない。日ソ共同宣言が履行されれば、歯舞と色丹が日本に引き渡されるから明らかに現地の利益になるのだが、主権と国のメンツのため、二島引き渡しで終わりかねないこの交渉を一貫して政府は拒否してきた。領土問題の解決に最も近づいた瞬間の一つが、九八年の橋本龍太郎首相によるボリス・エリツィン大統領に対する川奈提案である。[17] このときの提案は、択捉と得撫の間に国境線を引いて解決しようというものだったとされる。これは四島に対する日本の主権を認めよというものだったが、それを認めれば実際の引き渡しと施政権の回復は当面先送りしてもいいという内容だった。現地に暮らす住民にとってみれば、これは「見えない壁」に阻まれて向こう側に行けない空間の回復が先送りされることを意味しかねない。平和条約締結後、引き渡しが予定されている歯舞と色丹の回復も、施政権引き渡し交渉のなかに含まれれば、それがいつ実現するかおぼつかない。要するに、主権を取り戻しても、それが言葉だけのものにとどまるならば、現地の住民の寸断された生活圏は取り返せないということだ。

図３　納沙布岬から歯舞群島（見えない壁）

この問題は沖縄の基地問題を考えればすぐに理解できる。沖縄の日本への主権回復が、アメリカ軍による基地空間の永続的使用と一体だったことはいまでは明らかになっている。二十年にわたって問題となっている普天間の海兵隊基地に至っては、サンフランシスコ講和条約で日本本土だけが主権を回復されたことにともない、山梨などから沖縄へ移転してきたものである。[18] いわば、日本本土と沖縄に境界を作り、沖縄をアメリカ軍の政治的に特別な施政空間にしたことが発端である。いわば、主権と施政権の分離が、国家としての日本のメンツを守る一方で、そのツケを地元に押し付けている。そして、施政権を持つアメリカのほうが主権を有する日本より強い立場にあるとき、主権という言葉が持つフィクションがさらに明らかになる。

いや、次のように反論することは可能だろう。日本が主権的意志を持ち、アメリカ軍に施政権を与えているのであり、アメリカの言いなりではないと。だがそうであれば、沖縄をアメリカ軍に差し出し続けているのは、日本の（ヤマトの）国家意志だとする沖縄の識者に頭を垂れるべきだろう。むしろ筆者には、核武装も含む単独の安全保障政策をとれない日本の国情から、アメリカに抱き付き、ホストネーションとして多額の財政支出とサービスの提供なしには国を守れないという国家としての判断のようにも思われる。そうだとしても、それは主権行使の名に値する行為ではなく、むしろ日本の国家としての「弱さ」を表現しているにすぎない。だからこそ、日本の一部政治家は核への夢を断ち切れないのだろう。

いずれにせよ、沖縄に現存する、そこに暮らす人々が使えない広大な空間は、生活圏の分断の一種である。ここでも主権という言葉のフィクションが虚しく響く。政治地理学の泰斗ジョン・アグニューは、これを絶対主権と実効主権に分け、実効主権を軸にして新たな社会を構想することを提唱する。(19)沖縄と根室の現実は、日本には実効主権がないという現実を私たちに知らしめている。

図４　沖縄県の辺野古

おわりに――新しい世界と秩序を求めて

たとえ社会的な構築を読み替えても、主権の神話は重く、政治がそれで動くかぎり物理的に抑え込まれ、結局は何も変えられないというニヒリズムを生み出すだけかもしれない。けれども、権力に物理的に抗するのが容易ではない以上、やはり言説の力でフィクションを暴き、読み替えていく作業から始めるしかない。

しかしながら、暴力が言葉を失ってむき出しにみえるときほど、人々や地域の気持ちを動かし、新しい力を生み出す瞬間がある。たとえば、先に述べた歯舞の昆布漁の事例がそれだ。一九六一年八月、その五年前に合意された日ソ共同宣言もむなしく歯舞と色丹の返還さえ地元から遠ざかり始めた時期、自らの生活の糧を求め、漁に出た漁船が観光客の見守るなか、納沙布岬の先で次々にソ連の警備隊に拿捕されていった。拿捕十三隻、高校生二人を含む三十二人が抑留されたこの事件はセンセーショナルなニュースとなり、地元や漁業団体を揺さぶった。大日本水産会のトップを務めた高碕達之助はその後、主権問題を盾に反対する外務省を説得し、政治家の力を借りて、六三年、ソ連の管轄を事実上認めながらも、地元の歯舞の漁民が昆布をとれる例外的な協定の締結に成功する。高碕達之助の祈念碑は、右翼が作った構築物の先、納沙布灯台の先から昆布の漁場である貝殻島を望んで立っている。貝殻方式の先例は、ソ連解体を経て、九八年、日本とロシアの管轄権を問わない形で、ロシアが支配する島の十二カイリ以内に入って日本漁船が漁業できる安全操業の枠組みへと結び付く。それ以外にも、根室と北方領土の間に立ちはだかる「見えない壁」の透過性を高めようとする試みがみられた。ゴルバチョフ時代の九一年に導入された「パスポートなし、ビザなし」による日本国民と北方四島に暮らすロシア国民の相互往来は、パスポートに代わる挿入紙に出入国に相当するスタンプを密室で押すなどぎりぎりの工夫をしながらも、いま現在まで継続されている。このような日本・ロシア間の領土問題の存在を前提としながらも、往来や交流を深める試みを世界にモデルとして伝えようとする日本の外交官さえいる。

国境が決まらない。目の前にある境界を国境と呼べない根室からみれば、このような状況はもちろん満足がいくものではない。領土問題の解決の糸口も見いだせず、かといって経済交流も認めず、分断状況を固定化し続ける政府に対して、地元のいらだちは募る一方だ。にもかかわらず、地元のイニシアチブや政治の英知で境界を多少なりとも「砦」から「共存」へ、そして透過性を高めようとする試みがなされてきたことは評価されなければならない。たとえそれが不十分だったとしても。

このような閉塞状況を変える一手にはやはり現地やその周りからのイニシアチブ、そしてそれを効果的に救い上げる政治の力が必要である。権力の自己中心性にもかかわらず、外の空間との対峙でその力を無視しては、空間の再構築もなしえない。ではどうしたらいいのだろう。一つは境界地域の声や利益を聞き、それを束ねて一つの力とすることだ。これは日本だけのことではない。世界の境界地域には実は共通した性格がある。「砦」となって苦しむのは地域だから、実は境界地域ほどナショナリズムに無縁な世界はない[20]。境界からナショナリズムが生まれると考える識者たちは、実は中央がナショナリズムで境界地域をしばろうとしていることをあえて見ないようにしている。理由は単純である。境界地域が自立したらどうなるだろう。隣の空間と自由に往来して豊かになり、自立したら、中央からの統制が弱まるかもしれない。辺境の自立した豊かさは税の回収を阻害しかねず、そのため「密漁」「密貿易」と悪魔化される。インドのカシミールに行って驚いたことがある。ここの住民たちは誰もパキスタンを憎んでいない。かえって、自分たちの前に分断線をおき、向こうに行かせないデリーの軍人たちを憎む。翻って、デリーは国境地域を紛争の源としかみようとしない。

境界地域は「砦」としての宿命を絶えず背負わされている。だが境界が動くのであれば、どの地域もある日、「砦」化されるかもしれないし、あるいはその宿命から解放されるかもしれない。地域を「砦」としない一つの方法がツーリズムである。いわゆる観光は平和産業であり、基本的に地域の安定と交流を前提として発展する。「砦」を「ゲートウェー」に変える。これは金剛山ツアーが朝鮮半島に横たわる「壁」に多少なりとも風穴をあけ、透過性を高める契機になったこと、パレスチナの世界遺産を見せる国境観光がイスラエルの「壁」の構築を押しとどめる役割を果たしたこと、そして日本では「最果て」といわれる道東オホーツクや与那国島などが向こう側の空間との紐帯を回復させることで豊かになりうる可能性を示すことなど、地域によって位相差や緊張度は異なるが、様々なトライアルをこの文脈におくことができる。[21] ボーダースタディーズは空間と権力の交錯する世界と秩序形成のなかで、これを変革するモバイルな主体形成を発見し、これをつなぐコンパスとしての機能を持つように筆者は感じている。壊れ始めている世界の壊れ方が新しい秩序の端緒であることも同時に展望しうるのではないかと期待する。

世界秩序は流動的で、「壁」が動き、境界が変わる。そこに暮らす人々が壁に直面してこれと向き合い、中央に踊らされず平和な地域を創造する。さしあたりの処方箋はそこにしかない。ボーダースタディーズはそのような試みに視座とツールを提供している。

注

（1）メアリー・シェリー『フランケンシュタイン』、一八一八年

（2）地域研究コンソーシアムについては、ウェブサイト（http://www.jcas.jp/）を参照。

（3）「Eurasia Border Review」および「境界研究」所収の諸論文、アレクサンダー・C・ディーナー／ジョシュア・ヘーガン『境界から世界を見る――ボーダースタディーズ入門』（川久保文紀訳、岩波書店、二〇一五年）などを参照。

（4）関連する情報は以下のウェブサイトを参照。北海道大学スラブ・ユーラシア研究センター「境界研究ユニット（ＵＢＲＪ）」（http://src-h.slav.hokudai.ac.jp/ubrj/index.html）、「ＪＩＢＳＮ境界地域研究ネットワークＪＡＰＡＮ」（http://src-hokudai-ac.jp/jibsn/）、「特定非営利活動法人国境地域研究センター」（http://borderlands.or.jp/）。なお、日本で初めてボーダースタディーズを特集した「国際政治」第百六十二号（日本国際政治学会編、日本国際政治学会、二〇一一年）も参照。

（5）ABS（境界地域研究学会）のウェブサイト（http://absborderlands.org/）と最新のBRIT（ネットワーク移行期の境界地域）（第十五回大会、二〇一六年）（http://www.sdu.dk/en/Om_SDU/Institutter_centre/I_Graenseforskning/Events/BRIT+2016）も参照。

（6）Oscar Martinez, *Border People: Life and Society in the U.S.-Mexico Borderlands*, University of Arizona Press, 1994.

（7）前掲『境界から世界を見る』九〇―九二ページ以下も参照。

（8）実証主義と構築主義をボーダースタディーズのスクールのなかで折り合いをつけようと格闘してきた研究者の代表例がセルゲイ・ゴルノフである。Serghei Golunov, *EU-Russian Border Security: Challenges, (Mis)perceptions, and Responses*, Routledge, 2012.

（9）セキュリタイゼーションとボーダーの関係については、川久保文紀「北米国境のテクノロジー化――「スマートな国境」の構築とその限界（科学技術と現代国際関係）」（日本国際政治学会編「国際政治」第百七十九号、日本国際政治学会、二〇一三年）、須田祐子／前田幸男「シェンゲン情報システム（SIS）の現状と課題――「国境のないヨーロッパ」の国境管理とITシステム」（「境界研究」第三号、北海道大学スラブ研究センター内グローバルCOEプログラム「境界研究の拠点形成：スラブ・ユーラシアと世界」、二〇一二年）などを参照。

（10）Henk Van Houtum, Olivier Kramsch and Wolfgang Zierhofer eds., *B/Ordering Space*, Ashgate Pub. Ltd., 2005.

（11）岩下明裕「国境問題」（大芝亮編『日本の外交 第五巻 対外政策 課題編』所収、岩波書店、二〇一三年）を参照。

（12）ブルース・バートン『日本の「境界」――前近代の国家・民族・文化』青木書店、二〇〇〇年、藤本強『日本列島の三つの文化――北の文化・中の文化・南の文化』同成社、二〇〇九年

（13）このメッセージを一貫して講演などで主張してきたのが、田村将人である。代表的な論文としては、田村将人「環オホーツク海域の境界変動とそこで暮らしてきた人びと――先住民族、とくにアイヌの視座から」（「現代思想」二〇一二年十二月号、青土社、二二八―二三六ページ）。

（14）岩下明裕編『日本の「国境問題」――現場から考える』（別冊「環」第十九号）、藤原書店、二〇一二年

（15）長谷川毅『暗闘――スターリン、トルーマンと日本降伏』（上・下〔中公文庫〕、中央公論新社、二〇一一年）などを参照。

(16) 当時の現況については、本田良一『日ロ現場史——北方領土—終らない戦後』(北海道新聞社、二〇一三年)が詳しい。

(17) 川奈提案の意義と問題点については、岩下明裕『北方領土・竹島・尖閣、これが解決策』(〔朝日新書〕、朝日新聞出版、二〇一三年)に詳しい。

(18) 普天間の海兵隊基地を沖縄以外の日本国内に移設したくないのは、アメリカではなく日本政府であり、基地が沖縄にあることが沖縄の地政学的位置によるものでも、その抑止機能によるものでもないことを精緻な分析で実証したのが、元「沖縄タイムス」記者・屋良朝博の『砂上の同盟——米軍再編が明かすウソ』(沖縄タイムス社、二〇〇九年)である。

(19) ジョン・アグニューの議論も含めて、政治地理学の立場から「領域」や「主権」の問題に様々な問題提起をおこなっているのが山﨑孝史である。山﨑孝史『政治・空間・場所——「政治の地理学」にむけて』(改訂版、ナカニシヤ出版、二〇一三年)と岩下明裕編著『領土という病——国境ナショナリズムへの処方箋』(北海道大学出版会、二〇一四年)所収の山﨑講演の部分を参照。

(20) この点を実証しようと素材を集めたのが、前掲『日本の「国境問題」』である。グローバルCOEプログラム「境界研究の拠点形成」で制作した一連の現場発のDVD (http://src-h.slav.hokudai.ac.jp/ubrj/DVD/) も同じ問題意識に依拠している。岩下明裕「国境離島の相克——ナショナリズムの向こう側」(「都市問題」二〇一二年八月号、後藤・安田記念東京都市研究所、七五—八三ページ)も参照。

(21) 北朝鮮と韓国をめぐる平和創造ツーリズムについては沈相振の貢献(“In 18 Years, Korea Appoints Fifteen Unification Secretaries; Germany Had Only One”〔https://ccej.or.kr/index.php?document_srl=1137729〕[アクセス二〇一六年一月三十日])、パレスチナについては高松響子の分析(「パレスチナにおけるコミュニティ・ツーリズムの展望——被占領地の境界侵食に抗して」〔http://src-h.slav.hokudai.ac.jp/publictn/JapanBorderReview/no5/pdf/04.pdf〕[アクセス二〇一六年一月三十日])、日本のボーダーツーリズムについては国境地域研究センターの企画(前掲「特定非営利活動法人国境地域研究センター」ウェブサイト)などを参考にされたい。

第2章
中東の地域秩序の変動
——「アラブの春」、シリア「内戦」、そして「イスラーム国」へ

末近浩太

はじめに——「メルトダウン」する中東

激動、緊迫、混乱、混迷——。中東は、マスメディアでもアカデミアでも、世界でもとりわけ「不安定」な地域として語られてきた。事実、冷戦終結後に限定してみても、一九九〇年から九一年の湾岸危機・戦争、二〇〇一年九月十一日のアメリカ同時多発テロ事件（以下、９・11事件と略記）とその後のグローバルな「テロとの戦い」、〇三年のイラク戦争、そして、パレスチナ／イスラエル紛争（パレスチナ問題）など、中東は自らの地域秩序だけではなく、国際秩序をも大きく変動させるような事件を経験してきた。

しかし、二〇一〇年代の中東が直面しているのは、これまでの「不安定」とは質・量ともにスケールが違う、「メルトダウン」と呼ばれるほどの地域秩序の大変動である。[1]「アラブの春」と呼ばれた市民による非暴力の民主化運動、リビア、イエメン、シリアなどでの激しい内戦、そして、周辺国によるこれらの内戦への介入など、どこか既視感を残しながらも、それまで存在しなかった全く新しい事態が生まれている。それを最も象徴するのが、イラクとシリアでの過激派組織「イスラーム国」の急速な台頭だろう。[2]「イスラーム国」は、国民国家体制をその存立原理から否定し、独善的な「真性のイスラーム」に立脚した新たな国家の樹立を目指しているだけではな

く、自由、人権、民主主義といった現代世界が培ってきたあらゆる「普遍的価値」に挑戦している。つまり、「イスラーム国」の台頭は、まさに十九世紀末から二十世紀前半にかけて西洋列強によって創造された中東[3]という地域を、さらには、現代世界のあり方そのものを、構造と認識の両面で根底から揺るがしている。

本章は、二〇一〇年代に始まったこのような中東の地域秩序の変動を捉えることを目的とする。中東で、何が「メルトダウン」しているのか、何が「メルトダウン」させたのか、そして、「メルトダウン」のあとに何が生まれようとしているのか。これらの問いを考えてみたい。

中東は、複数の国民国家から構成される地域であると同時に、アラブやイスラームといったアイデンティティが絶えず政治的に作用する地域でもある。こうした構造と認識の両面からなる現実を捉えるために、本章では「地域システム」の概念を用いる。地域システムとは、バリー・ブザンとオレ・ウィーヴァーによると、国家(国民国家・主権国家)を基本的な構成単位とし、その変容は、①国家間のパワーの配置(極性)、②主としてアイデンティティとイデオロギーに基づく拮抗と調和のパターンによって形成される国家間の相互作用、③国家形成の度合い、によって捉えられるものである。[4] これを踏まえ、本章では、中東を構成するアラブ諸国、トルコ、イラン、そしてイスラエルの国家間関係と各国の内政の両方に目配りしながら、中東の地域秩序の特徴とその変動を描き出してみたい。

1 「三十年戦争」の構図による「安定」

分水嶺としての一九七九年

二〇一〇年代の「メルトダウン」の前夜、すなわち、〇〇年代までの中東の地域秩序は、どのようなものだったのだろうか。一つの手がかりとなるのが、アメリカとの関係である。どのアクターがアメリカに対抗(しようと）しているのかに着目することは、中東の地域秩序の変動を見通すうえで有益である。これは、誰がアメリカの同盟国であるイスラエルと戦っているのか――誰が「パレスチナ解放」の大義を背負うのか――という点に着目することでもある[5]。

一九五〇年代から七〇年代の冷戦の最中に、反米同盟を構成したのはソビエト連邦とのつながりを持った国々だった。具体的には、同時期に共和革命を成功させ、世俗的なアラブ・ナショナリズムと反植民地主義を掲げながら社会主義陣営へと接近していったエジプト、イラク、シリア、リビア、南イエメンだった。他方、サウジアラビアを中心とする湾岸アラブ諸国やイランといった君主制の諸国は、資本主義陣営との関係を強化することで共和革命と社会主義が自国に拡大浸透することを阻止しようとした。つまり、この時期の中東の地域秩序は、国際政治学者マルコム・カーが「アラブ冷戦」と表現したように、紛れもなくグローバルな冷戦構造によって強く規定されていた[6]。

これを大きく変えたのが、一九七〇年代末に起こった一連の事件による反米同盟の再編だった。ただし、これは親米同盟の勝利を意味するものではなく、新たな反米同盟が誕生することで、結果的にアメリカとの関係を軸にした中東の地域秩序の基本構図は維持されることになった。

詳しくみてみよう。まず、アラブ・ナショナリズムの盟主であるエジプトが、仇敵イスラエルとの単独和平条約を締結し「戦線離脱」した（一九七八年のキャンプデーヴィッド合意）。ほぼ時を同じくして、七九年にはイランでイスラーム革命が成就した。革命の指導者ルーホッラー・ホメイニーは、アメリカを「大サタン」と敵視し、イランをそれまでの親米国家から反米国家へと変えた。つまり、この時期、ソ連を中心としたそれまでの反米同盟は崩壊し、イランを中心とする新たな反米同盟が形成されていったのである。

米ソ両超大国にとって誤算だったのは、イランが資本主義と社会主義のどちらの陣営にも属さない「第三極」（イスラーム陣営）としての外交戦略を打ち出し、イスラーム教徒を抱えるあらゆる国々に対して「革命の輸出」をおこなうと宣言したことであった。つまり、新たな反米同盟の出現は、アメリカはもちろんのこと、ソ連にとっても歓迎されうるものではなかった。アメリカは、中東での最大の同盟国の一つだったイラン――「湾岸の憲兵」と呼ばれていた――を失い、域内での影響力低下に直面した。ソ連は、イランを震源地とするイスラーム革命の波が自国領内(特にムスリムが人口の多数を占める南部の共和国)に及ぶことを恐れ、「緩衝国家」だったアフガニスタンへの軍事侵攻を敢行した。フレッド・ハリデーが論じたように、この時期に顕在化した「第二次冷戦」では、「第三世界」に対する米ソの影響力が低下することで、中東の地域秩序だけではなく、国際秩序もまた揺らぐことになったのである。(7)

「抵抗枢軸」の誕生

では、イランを中心とした新たな反米同盟は、どのような国々によって構成されたのだろうか。まず、ソ連主導の反米同盟のなかで、エジプトの「戦線離脱」によって最も深刻な影響を受けた国がシリアだった。シリアは、アラブ・ナショナリズムを国是とし、一九六七年の第三次中東戦争でイスラエルに占領された自国領ゴラン高原の奪還を悲願としていた。イスラエル(とその庇護者であるアメリカ)との対決姿勢こそが、シリアという国の存在意義であった。そのため、シリアにとって、新たな反米同盟の構築は急務であった。そこで見いだされた新たな共闘者が、ほかならぬ七九年のイスラーム革命によって反米国家となったイランであった。こうして、イランとシリアの両国を中心とした、のちに「抵抗枢軸」と呼ばれる新たな反米同盟が形成されていった。

「抵抗枢軸」の特徴は、シリアとイランという国家間の古典的な同盟関係に加えて、イスラーム主義組織という非国家アクターによって構成されていたことにある。イスラーム主義とは、「宗教としてのイスラームへの信仰を思想的基盤とし、公的領域におけるイスラーム的価値の実現を求める政治的なイデオロギー」(8)のことを指し、こうしたイデオロギーを掲げる組織をイスラーム主義組織と呼ぶ。「抵抗枢軸」を構成したのは、イランとシリアの二つの国家に加えて、レバノンのヒズブッラーとパレスチナのハマースといったイスラーム主義組織であった。イランとシリアは、軍事、政治、経済、社会のあらゆる面からこれらの組織を支援し、中東でのアメリカやイスラエルの影響力拡大を阻止しようとした。

この「抵抗枢軸」の形成によって立ち現れた一九八〇年代初頭以降の中東の地域秩序は、次の三つを特徴とした。第一に、反米同盟の中心がエジプト（アラブ）からイラン（ペルシャ）へとシフトしたことである。第二に、これにともない、パレスチナ／イスラエル紛争の性格が変化したことである。すなわち、エジプトを中心とした東アラブ諸国は、イスラエルと直接国境を接していることから、政府の意思決定と正規軍による古典的な戦争をおこなってきた。対して、イランは、シリアと戦略的な同盟を結びながらも、実質的にはイスラエルと直接戦火を交えることはなく、ヒズブッラーやハマースという非国家アクター（あるいは非正規軍）を通して対峙するようになった。第三に、アメリカとイスラエルへの対抗をめぐる思想的な意味合いの変化、すなわち、アラブ・ナショナリズムからイスラーム主義へのシフトである。エジプトの「戦線離脱」によってアラブ・ナショナリズムの凋落が決定的となった一方で、イスラーム革命を成功させたイランの掲げるイスラーム主義が、中東に暮らす多くの人々の反米・反イスラエル感情を代弁することになった。[9]こうして生まれた「抵抗枢軸」は、イラン・イラク戦争（一九八〇―八八年）とレバノン戦争（一九八二―八五年）のなかで、「敵の敵は味方」の論理に基づき強固なものとなっていった。[10]

以後、一九八〇年代初頭から少なくとも二〇〇〇年代まで、中東の地域秩序は、この「抵抗枢軸」と呼ばれる反米同盟と親米同盟の対立の構図によって規定されてきた。筆者は、これを「三十年戦争」[11]と呼んでいる。「三十年戦争」では、基本的には二つの同盟の間の信頼醸成を欠きながらも、直接的あるいは大規模な衝突が起こることもなく、中東に一定の「安定」を与えてきた。

勢力均衡による「安定」

「三十年戦争」の構図での中東の「安定」は、どのように説明されうるのだろうか。そのヒントとなるのが、いわゆる「勢力均衡（バランス・オブ・パワー）」論である。勢力均衡論は、権力の真空が侵略戦争の誘因になると前提する。ただし、この場合の権力の真空をもたらすものには、ソ連主導の反米同盟の崩壊にみられたような競合するアクターの消滅だけではなく、アクター間の勢力の著しい不均衡も含まれる。逆の言い方をすれば、軍事力・経済力・技術力などの客観的指標から測定されうる勢力（パワー）が均衡していれば、侵略戦争のリスクもコストも高くなるため、侵略戦争が起きにくくなるとされる。

イランを中心とした反米同盟である「抵抗枢軸」も、サウジアラビアやイスラエルからなる親米同盟も、その名のとおりアメリカとの関係を軸とした戦略的同盟関係だった。つまり、その目的はあくまでも生存のための安全保障の確立であり、その手段は同盟の結成・強化を通した勢力均衡の追求だった（その意味では、両陣営の中核となる国家をそれぞれイラン＝シーア派、サウジアラビア＝スンナ派と捉える「宗派対立論」は正鵠を射ていない）。

これは、国際政治学者のケネス・ウォルツが最も安定的な国際政治の構造と論じた「二極システム」[12]を体現するものだったといえる。ウォルツの二極システム論は、国際政治で国家は勢力拡大のための攻撃的行動よりも、自己救済のための防衛的行動をとる傾向があると考える。この前提は、攻撃的リアリズムの論客ジョン・ミアシャイマーの批判を待つまでもなく、システム内の国家が高いリスクとコストをいとわず力による現状変更を目指すような場合には成り立たない。確かに、反米同盟である「抵抗枢軸」は急進的な外交政策――「革命の輸出」戦略、イスラエル国家の破壊の標榜、核兵器開発疑惑など――を展開してきた。他方、サウジアラビアやイスラエルからなる親米同盟は、これをイランの中東での覇権拡大の野心と見なし、牽制・抑止のための様々な政策――湾岸協力会議（GCC）の結成（一九八一年）、イラン・イラク戦争でのイラク支援――を打ち出した。しかし、少なくとも、「三十年戦争」では、アメリカがその強大な軍事力を背景に覇権の急速な拡大に乗り出さないかぎりで、反米同盟と親米同盟の対立構図を基調とする中東の「安定」は、両者が現状変更ではなく維持を是とする姿勢によってもたらされた。

反米同盟である「抵抗枢軸」は、その挑発的な言動とは裏腹に、あくまでも自己救済を目的とした戦略的同盟関係であると考えられている。その理由は、第一に、イラン・テヘランとシリア・ダマスカスの間にはイデオロギー面での大きなギャップが存在すること――両者は急進的なイデオロギーを信奉する点では共通するが、前者はイスラーム主義、後者はアラブ・ナショナリズムを標榜する、第二に、それぞれの脅威認識とその対抗措置が相互補完的であること――両者はアメリカを共通の潜在的な脅威と見なしながらも、前者は湾岸アラブ諸国とイラクを、後者はイスラエルとレバノンを主戦場とする地理的な「分業」ができている、第三に、自らが掲げる「抵抗」が自己目的化していること――抵抗という言説や行為自体が政権や組織の正当性の源泉であり、重要なのは抵抗の完遂ではなく、それを継続できる環境の維持となる、である。(13)

一般に、こうした防衛的同盟は攻撃的同盟に比べて目的が限定的（＝生存）であることから、競合するアクターによる攻撃を受けた際にも解消されにくい（逆に、攻撃的同盟は、勝利の分け前をめぐって内部対立が起こりがちとなる）。事実、「抵抗枢軸」は、第二次世界大戦後の「第三世界」で最も長く存続してきた同盟関係である。(14)そして、その同盟関係が強固であればあるほど、「二極システム」は変化しにくくなり、勢力均衡による「安定」(15)が維持されるのである。

「新しい中東」へ？

一九七〇年代末から八〇年代初頭にかけて「三十年戦争」では、冷戦の終結、九〇年から九一年の湾岸危機・戦争、九三年のオスロ合意など、反米と親米の両同盟の間の勢力均衡を揺るがしかねないような事件もあった。また、これらの事件は、基本的には中東でのアメリカの影響力拡大としての側面が強かった。しかし、九〇年代以降のアメリカは、中東への「深い関与」を展開しながらも、イラクとイラン両国の「封じ込め」とパレスチナ／イスラエル紛争の仲介などにみられるように、「抵抗枢軸」の壊滅ではなく、地域秩序の「安定」の維持を目指した。(16)その結果、いくつかの個別のアクター間のデタント（雪解け）を経験しながらも、「三十年戦争」の構図自体は存続した。

しかし、その構図による「安定」は、二〇〇〇年代に動揺の兆しを見せることになった。９・11事件を転機として、アメリカが「テロとの戦い」の名のもとで強大な軍事力を背景に中東への積極的介入を始めたためである。アメリカの対中東政策は、それまでの、「三十年戦争」の構図に基づく「均衡重視」から、アメリカの覇権のもとでの「新しい中東」の創出へと移行した[17]。

アメリカの攻勢は、論理的に考えれば、サウジアラビアを中心とした親米同盟に資するはずだった。だが、二〇〇一年のアフガニスタン戦争と〇三年のイラク戦争による体制転換が両国にもたらしたのは、民主主義・自由主義・資本主義に立脚したアメリカ流の秩序ではなく、後述のような「国家性」を失った「破綻国家」であった。それだけではない。アフガニスタンとイラクの両国ともイランと国境を接していたことから、イランの直接的な外部介入を通じた内政への影響力拡大を許すこととなった[18]。加えて、〇二年八月に明らかになったイランの核兵器開発疑惑、そして、〇五年の対米強硬派のマフムード・アフマディーネジャードの同国第六代大統領選出が、サウジアラビアを中心とした親米同盟の安全保障上の脅威を増大させた。

このように、結果的にみれば、アメリカによる「新しい中東」構想は、「三十年戦争」の構図を解消するまでには至らず、実際にはその構図のなかでの勢力均衡による「安定」に動揺を与えたにすぎなかった。

2　「アラブの春」がもたらした「不安定」

「アラブの春」の新規性

二〇一〇年代に入ると、中東の地域秩序は市民という想定外のアクターによって大きく動かされていく。「三十年戦争」の構図での反米・親米の両同盟間の勢力均衡は、中東各国の政治体制の動揺によって崩れていく。冒頭で述べた地域システムの概念に引き付けていえば、その変動は、国家間のパワーの配置や相互関係の変化だけではなく、各国の内政の変動と、その背景にあった国家形成の度合いの違いによってももたらされた。

二〇一〇年末にチュニジアで発生した市民による抗議デモは、わずか一カ月あまりで二十四年間続いてきたベン・アリー大統領による権威主義体制を崩壊させた。この「革命」の熱狂は瞬く間にほかの中東諸国にも広がり、エジプト（一一年二月）、リビア（同年十月）、イエメン（同年十一月）でも政変が起こり、シリアやバハレーンでは体制側と反体制側の間の武力衝突が発生した。この市民による非暴力の民主化運動を特徴とする一連の事件を、「アラブの春」[19]と呼ぶ。「アラブの春」による国内政治の変動は、体制転換にせよ、内戦にせよ、国際政治の同盟関係にも大きな影響を及ぼす。つまり、中東の地域秩序は、市民の力によって「下から」突き動かされていった。

なぜ、「アラブの春」は起こったのか。長年の独裁政治と社会的・経済的苦境が、市民の不満や怒りを極限まで高めたことは想像にかたくない。こうした構造的要因だけではなく、「アラブの春」を権威主義体制の崩壊あるいは民主化のプロセスの一環と捉え、大統領、与野党、軍、社会運動、外国政府などの動向や相互関係といったアクター的要因や、独裁政治でのエリートへの権力の集中や潜在的挑戦者の懐柔を担保してきた制度的要因に着目した説明も試みられているが、各国の事例によってその説明の妥当性は異なり、過度な一般化は禁物である。[20]

しかし、確実にいえるのは、中東政治の専門家も各国の政策決定者も、長らく市民の力を過小評価する傾向があったことである。つまり、「アラブの春」は、全くの想定外の事件であった。その想定とは、次のようなものだった――中東諸国の権威主義体制を倒す勢力が存在するとすれば、それはイスラーム主義者であり、したがって、政変が起こるとすれば、それは必然的にイスラーム革命（あるいは、選挙による勝利）となる。こうした想定の背景には、大規模な大衆動員を可能にする資源と組織を有していたエジプトのムスリム同胞団と、実際にイスラーム革命を成就させたイランのイメージがあった（ただし、経験的にみると、イスラーム主義者による政権奪取は、スーダン〔一九八九年〕やアフガニスタン〔一九九六年〕など数少ない事例しかない）。

しかし、「市民による非暴力の民主化運動」である「アラブの春」は、むしろ「イスラーム主義者による暴力をともなう革命運動」の対極にあったことに注目すべきである。「アラブの春」は、それまで想定されていたイスラーム主義組織主体の革命運動よりも「緩い」動員を特徴としており、また、その「緩さ」のために、逆説的にイスラーム主義者にはなしえなかった大規模な動員に成功したのだと考えられる。
その「緩さ」とは、第一に、社会運動組織やカリスマ的な指導者が不在だったこと、そして、その役割を匿名性が高い「Facebook」や「Twitter」「YouTube」などのSNSが担ったこと、第二に、独裁政治の打倒後の国づくりの青写真が不在（特にイスラーム主義によるイスラーム国家建設の言説が不在）だったこと、そして、そのかわりに独裁者の打倒という単純なスローガンだけが繰り返されたこと、第三に、少なくとも初期には武装闘争やテロリズムといった政治的暴力が不在だったこと、そして、そのかわりに非暴力・平和的なデモが徹底されたこと、である。こうした「緩さ」が、組織やグループの違い、イデオロギーの違い、性別や年齢の違いを超える形で、大規模な市民を動員できた要因だったと考えられる。[21]
付言すれば、こうした「緩さ」は、「アラブの春」までの十年間、すなわち、二〇〇一年の9・11事件からの十年間の中東を覆い尽くした暴力に対するアンチテーゼだったとみることもできる。アル＝カーイダによる「イスラームの戦い（ジハード・聖戦）」は、中東ではなく欧米諸国を標的にし、また、建設ではなく破壊に徹することで、グローバルなテロリズムを展開した。彼らの活動がもたらしたのは、アメリカ主導の「テロとの戦い（対テロ戦争）」との間の暴力と憎悪の連鎖であり、また、その結果としての中東諸国の政治や社会の荒廃であった。「アラブの春」は、こうした暴力と憎悪の連鎖が飽和状態に達したときに生まれた、一般の人々による新たな形の変革のうねりだったといえるだろう。

裏切られた「アラブの春」

市民の力によって引き起こされた「アラブの春」は、中東の地域秩序を国内政治と国際政治の両面から再編する契機となった。これを受けて、親米・反米の両同盟は、当初、事態の推移を見守るような慎重な姿勢を見せた。その背景には、「アラブの春」が、その呼び名が象徴するように、国際社会で本質的に民主化のシナリオに沿って語られたことから、各国の政治は市民の選択に委ねられるべきだという規範が——少なくとも二〇一一年初頭には――優勢だったことが指摘できるだろう。市民の力という「下から」の動きを、外部介入という「外から」の力学によって統制することはタブーだった。

しかし、そうした民主化への期待や予定調和的な想定とは裏腹に、「アラブの春」がもたらした政治的な帰結は多様であった。民主化の移行期を経て定着期まで歩を進められたのはチュニジア一国だけであり、エジプトでは、フスニー・ムバーラク大統領の退陣後に実施された国民議会と大統領の二つの選挙で、ムスリム同胞団系の政党（自由公正党）と候補者（ムハンマド・ムルスィー）がそれぞれ勝利を収めた。ところが、この新政権は、わずか一年で市民による「反革命」運動に直面し、これに乗じた軍主導の旧体制派によって転覆された。その結果、エジプトは、ムバーラク体制よりも巧妙かつ強権的な「アップグレード」された権威主義体制への道を歩むことになった。軍出身のアブドゥルファッターフ・スィースィー新大統領は、選挙の先送りだけではなく、ムスリム同胞団を筆頭とするイスラーム主義者に対する苛烈な弾圧を実施することで、政権基盤を固めていった[22]。

リビアやイエメンでは、エジプトと同様に「下から」の体制転換を経験したものの、その後の民主化の移行プロセスは進まず、旧体制派と新体制派、そして外部から流入する過激なイスラーム主義者たちが入り乱れる内戦状態に陥った。シリアでは、抗議デモが発生・拡大したものの体制転換は起こらず、そのまま内戦となった。シリアでの市民による非暴力の民主化運動は、バッシャール・アサド政権による激しい弾圧を受け、遅くとも二〇一一年の夏までには頓挫した。暴力の行使や生命の危険をいとわない一部の参加者たちが残る形で、平和的な民主化運動は暴力的な革命闘争へと変質――その象徴が、二〇一一年九月の反体制派武装組織・自由シリア軍の結成――したのである[23]。

こうしてみてみると、「アラブの春」が中東にもたらしたのは、民主的で平和的な政治よりも、強化された独裁と内戦という暴力と不寛容に満ちた政治だったといえる（表１）。

表1　世界の地域別の民主主義指数

順位	地域	国数	2010	2011	2012	2013	2014
1	北米	2	8.63	8.59	8.59	8.59	8.59
2	西欧	21	8.45	8.40	8.44	8.41	8.41
3	南米・カリブ海	24	6.37	6.35	6.36	6.38	6.36
4	アジア・オーストラリア	28	5.53	5.51	5.56	5.61	5.70
5	中東欧	28	5.55	5.50	5.51	5.53	5.58
6	サハラ以南アフリカ	44	4.23	4.32	4.33	4.36	4.34
7	中東・北アフリカ	20	3.52	3.62	3.73	3.68	3.65
—	全世界	167	5.46	5.49	5.52	5.53	5.55

（"The Economist Intelligence Unit's Democracy Index 2011-2015"〔www.eiu.com〕［2015年7月30日アクセス］をもとに筆者作成）

激化する同盟間の対立

中東で予定調和的な「アラブの春」の民主化のシナリオが破綻し、暴力と憎悪に彩られた政治が生まれた結果、反米・親米の両同盟は、当初の静観の姿勢を覆し、周辺諸国への外部介入をおこなうようになった。前述のように、イランが主導する反米同盟もサウジアラビアを中心とした親米同盟も、自らの生存を基本とする現状維持、言い換えれば、敵対する相手に「勝利する」よりも「敗北しない」ことを最重要課題としていた。しかし、「アラブの春」がもたらした体制転換や内戦は、こうした現状維持を許さない状況を生み出した。すなわち、何らかの介入をしなければ、敵対する同盟に新たな参入者が増える、あるいは、自らの同盟から離脱者が生まれる危険が生じたのである。そのため、両同盟は陰に陽にエジプト、シリア、リビア、イエメン、バハレーンの国内アクターとの同盟関係を確立・強化することで、それぞれの内政への発言力を高め、「敗北しない」ための道を模索した。

このような両同盟の外部介入のパターンの特徴は、いわば二重基準（ダブルスタンダード）で正当化されている点にあった。この場合の二重基準とは、独裁よりも民主主義を善とする普遍的基準（グローバルスタンダード）を参照した場合、反米同盟も親米同盟も介入の論理が一貫していない、という意味である。すなわち、両同盟とも、ある国では民主化勢力を支持・支援する一方で、ほかの国では独裁政権に寄

表2　「アラブの春」後の反米同盟・親米同盟の支持・支援のパターン

国名	反米同盟	親米同盟
エジプト	2012-14年：体制派（ムルスィー政権） 2014年-：反体制派（ムスリム同胞団など）	— 反体制派（スィースィー政権）
シリア	体制派（アサド政権）	反体制諸派
リビア	反体制派（カッザーフィー政権）	反体制派（カッザーフィー政権）
バハレーン	反体制派（民主化運動）	体制派（ハマド王家）
イエメン	反体制派（フーシー派）	体制派（ハーディー政権）

（筆者作成）

り添うような外交を展開したのである。

とはいえ、この二重基準は、両同盟が自らの利益拡大につながる勢力を支持・支援する戦略・戦術をとっていた点で共通していた。このときの利益とは、自らの生存を脅かしかねない敵対する同盟の勢力拡大を阻止する、すなわち「敗北しない」ことであり、外部介入を受けたどの国でも、国内の政治的・軍事的対立は両同盟の代理戦争の様相を呈した。その意味では、両陣営の介入のパターンは、勢力均衡を基調とする「三十年戦争」の構図に忠実な単一基準（シングルスタンダード）にしたがったものだったといえる（表2）。「アラブの春」による「下から」の変動力学は、最終的に「三十年戦争」での同盟間の対立を激化させたのである。

反米・親米の両同盟によるアクターの選好で、シーア派とスンナ派という宗派の違いが規定要因の一つになっていることは否定できない。イランは同じシーア派のアクターを、他方、サウジアラビアはスンナ派のアクターを同盟者に選ぶ傾向がある。そこには、歴史的なリンケージやクライエンテリズムが存在する場合もあるが、宗派を同じくすることで同盟の正当性を主張したり、効率的な動員をしたりするうえで有利になるという利点もある。そして、のちに詳述するように、こうした事態が、「宗派対立」を喧伝する過激なイスラーム主義者に利用され、そうしたイデオロギーや世界観が一般市民の間に拡大することに寄与してしまっているのも事実である。

しかし、ここで注意すべきは、政治対立が宗派対立を惹起したのであって、その逆ではない、ということである。宗派の違いが宿命的・不可避的に対立を生むという「宗派対立論」は、こうした現実を的確に表していないだけではなく、過激なイスラーム主義者の思想を拡大・再生産する危険性を帯びている。この点について、グレゴリー・ゴーズは、次のように述べている。「リヤドとテヘランは勢力均衡ゲームをおこなっている。両者は宗派主義をそのゲームで利用しているが、域内での同盟者の獲得のために宗派的断層を横断してきた」[24]

常態化する外部介入

「アラブの春」での反米・親米両同盟による外部介入の多くは、いうまでもなく、国際社会でタブー視されている国際法上の内政干渉にあたる可能性が高いものであった。しかし、皮肉なことに、その先例を作ったのは、国際連合を中心とした国際社会の側だった。二〇一一年二月末、リビアでは、ムアンマル・カッザーフィー政権による反体制派と一般市民に対する苛烈な弾圧が起こっていた。これを受けて、国連の安全保障理事会は、「保護する責任（R2P）」に基づき同国への介入を決議し、北大西洋条約機構（NATO）加盟国を中心とした連合軍による軍事作戦が発動された。しかし、軍事作戦が同年十月末のカッザーフィーの死亡まで徹底されたことから、この介入が市民の保護ではなく体制転換を目的としていたのではないかという疑念や不信が中東の域内外で広がった。言い換えれば、内政干渉という国際社会でのタブーも恣意的な論理操作によっては許容されうる、という先例を作ったのである。[25]

このリビアの問題を契機として、「アラブの春」後の中東では、外部介入の法的・倫理的ハードルが低下した。反米・親米の両同盟による各国の内政への関与だけではなく、二〇一一年三月の湾岸協力会議の「半島の盾」軍によるバハレーン介入、一四年八月に開始された「有志連合」によるイラクとシリアの「イスラーム国」実効支配地域への空爆、一五年二月のエジプト軍によるリビア空爆や三月のサウジアラビアなどによるイエメン空爆など、中東の全域で軍事的な外部介入が多発するようになった。

ここで留意すべきは、「アラブの春」に端を発した中東各国の内政の混乱が外部介入を招いた一方で、反対に、激化する外部介入が内政の混乱に拍車をかけ、民主化の移行や定着をスポイルした、ということである。競合する国内のアクターが国外のアクターと戦略的な結び付きを強めることで、内戦では戦闘の激化・長期化が、あるいは、平時にはアクター間の非妥協的な姿勢や交渉の停止がもたらされるなど、政治対立が相乗的に激化していったのである。

3　「イスラーム国」の台頭と中東の地域秩序の再編

シリア「内戦」の拡大・長期化

激化した「三十年戦争」の勝者は、反米と親米どちらの同盟だったのか。勢力均衡による生存の保障が低下したという意味で、どちらもが敗者だった。この戦いに勝者がいたとすれば、それは再び中東政治の表舞台に登場してきた過激なイスラーム主義者であり、そして、その代表格が「イスラーム国」であった。

過激なイスラーム主義者たちとは一体何者なのか。ここでいう「過激」には、彼らが信奉する独善的な「真性のイスラーム」にそぐわない「異教徒」や「背教者」に対する徹底した不寛容を特徴とする思想的な側面と、それらを暴力によって排除・殲滅しようとする方法論的な側面があり、実際には多くの場合この両方を兼ね備えている。たとえば、「イスラーム国」はシーア派を「真性のイスラーム」からの逸脱者として断罪し、武装闘争や虐殺といった暴力の対象としている（その意味では、「イスラーム国」は紛れもなく「宗派対立」を煽動している）。

歴史的にみると、こうした過激なイスラーム主義者が伸張したのは、一九八〇年代のアフガニスタンや九〇年代のアルジェリアなど、外部介入や国内の政治対立によって「国家性」が大きく損なわれたときだった。こうした国家を、一般に「破綻国家」という。破綻国家とは、近代国家の基本機能である、①主権に基づく権威、②意思決定のための有形の組織、③アイデンティティのための無形の象徴の三つが停止した国家を指す[26]。国家の破綻

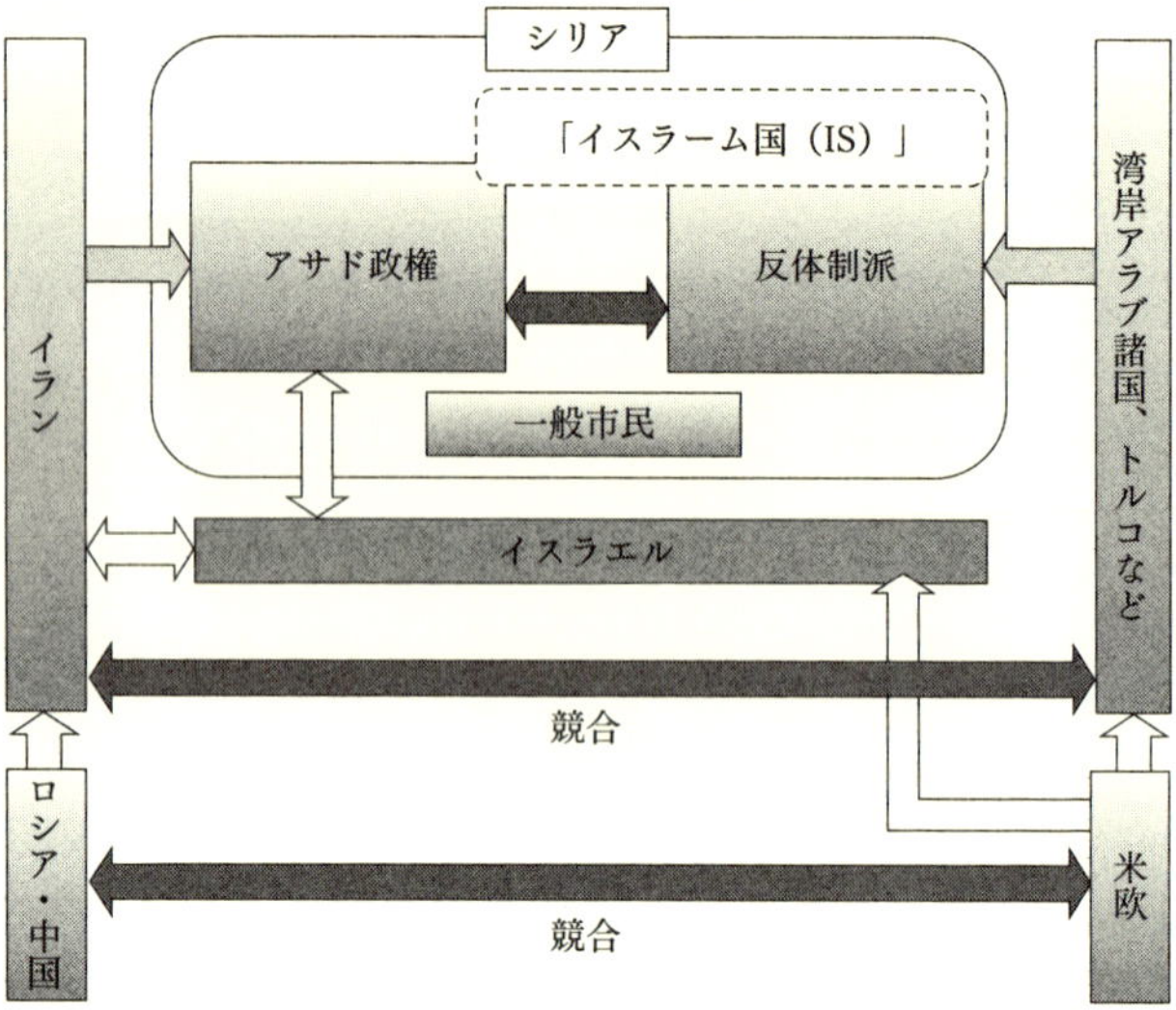

図１　シリア「内戦」の構図（筆者作成）

の原因を考えるとき、過激なイスラーム主義者の伸張が国家の破綻を加速させる側面もあるため、一方向的な因果推論だけでは不十分である。しかし、「アラブの春」の各国の事例から看取できるのは、先に述べたように、当初から過激なイスラーム主義者が存在感を示していたわけではなく、民主化の座礁や内戦の発生・長期化の結果として、彼らが伸張したという現実である。

こうしたプロセスを最も顕著にたどった国が、シリアであった。前節でみたように、シリアでの「アラブの春」は開始からまもなく座礁し、アサド政権と反体制派による武力衝突が生じるようになった。やがてそれは「内戦」と呼ばれるほどの規模に拡大し、また、その収束の形が全く見えないまま長期化していった。シリアがこのような「内戦」に陥った大きな原因は、次の二つの点に求めることができる。

一つは、国家形成の度合いの低さである。シリアは、第一次世界大戦後の西洋列強による旧オスマン帝国領の植民地分割によって生まれた——イラクと同じく——「人工国家」の一つだった。そのため、領域的な正統性だけではなく、国民としてのアイデンティティの脆弱さを残していて、それが破綻国家になりやすい構造的問題をはらんでいたといえる。[27]

もう一つは、国外のアクターによる外部介入である。アサド政権の崩壊を望むサウジアラビアをはじめとする湾岸アラブ諸国、トルコ、アメリカ、欧州連合（ＥＵ）は反体制派への支援・支持を打ち出し、反対に「抵抗枢軸」の同盟国であるイラン、そして、国際政治の舞台でアメリカやＥＵと大国の座を賭けて競合するロシアや中国が、アサド政権を支援・支持した。つまり、シリアの「内戦」は、国内の権力闘争としての側面だけでなく、中東の域内政治レベルの対立構図――「三十年戦争」――、さらには国際政治レベルの競合関係という多重化・重層化した紛争の様相を見せたのである[28]（図1）。

「イスラーム国」の出現

拡大・長期化した「内戦」は、混乱と破壊の度合いを強めながら、シリアを破綻国家の淵へと追いやっていった。こうしたなか、過激なイスラーム主義者たちの存在感が、遅くとも二〇一二年の初頭までには、反体制派の戦闘員の間で高まりを見せた。当初は「助っ人」だったはずの外国人戦闘員は、徐々にその数を増やしていくことで、反体制諸派の組織を戦闘能力や組織規模で凌駕するほどになっていった。そして、その一部の組織が、破綻国家となったシリアの領土の一部を実効支配するようになり、一四年六月、同国北東部の街ラッカを「首都」とする「イスラーム国」の建国を宣言した[29]。

「イスラーム国」の前身は、二〇〇三年のイラク戦争後に結成された過激派組織イラクのアル＝カーイダである。同組織は、イラク領内で「異教徒」の軍勢であるアメリカ軍と「背教者」の政府である新政権に対する武装闘争を繰り返したが、戦後復興が進んでいくなかで――破綻国家から脱するなかで――徐々に衰退していった。こうしたなか、彼らを救ったのが、隣国シリアの破綻国家化だった。過激なイスラーム主義者たちは、シリアという新たな「宿主」を見つけ、そこに「寄生」することで再生に成功したのである[30]。

「イスラーム国」は、拡大・長期化した「内戦」下のシリアで、資金、武器、人員を獲得していった。そのため、数ある中東諸国のなかで、イラクとシリアに「イスラーム国」が台頭したこと――当初は「イラクとシリアのイスラーム国」を名乗っていた（二〇一三年四月―一四年六月）――は偶然ではなく、紛れもなく両国の破綻の度合いが高かったからである。一五年のファンド・フォー・ピース（ＦＦＰ）による脆弱国家ワーストランキングで

は、イラクが十一位、シリアが八位であり、両国が世界でも有数の破綻国家であることがわかる。(31)

「イスラーム国」がもたらした「三つどもえ」

シリアとイラクでの国家の破綻、言い換えれば、国家形成の度合いの低さに起因する政治的混乱は、「イスラーム国」という鬼子を生み、やがて、国家間のパワーの配置や相互作用を変化させながら、中東の地域秩序の変動を生んでいく。

「イスラーム国」は、シリアとイラクを拠点に勢力を急速に拡大するだけでなく、彼らをいわばロールモデルとする組織がリビア、イエメン、エジプト、レバノンなどで台頭するという副作用をもたらした。総じてみれば、国家の破綻が深刻な国、言い換えれば、中央政府による統治も国民としての一体性も弛緩した国で過激なイスラーム主義者は伸張したが、チュニジア、クウェート、サウジアラビアといった内政が比較的安定している国でも「イスラーム国」の同調者によるテロ事件が起こるようになった。

「イスラーム国」の台頭は、シリア「内戦」の多重化・重層化した紛争構造に停滞と変化の両方をもたらした。まず、停滞としては、アサド政権と反体制派の間の対立に「イスラーム国」を加えた「三つどもえ」の複雑な戦局を生み出したことで、結果的に「内戦」の解決を遠ざけることになった。すなわち、親米同盟から見たときに、反西洋近代を掲げる「イスラーム国」は、アサド政権よりも危険な存在だった。そのため、アサド大統領の退陣(反体制派の勝利)よりも、「イスラーム国」に対する封じ込めが喫緊の課題となった。一方、反米同盟、とりわけアサド政権は、反体制派と「イスラーム国」の両方からの攻撃にさらされる危機に陥った。しかし、「イスラーム国」の出現は、親米同盟の目を自分たちから逸らすだけでなく、彼らと戦う自らの正統性をアピールする好機ともなった。事実、二〇一四年八月にアメリカ主導の「有志連合」が「イスラーム国」に対する空軍力を用いた軍事作戦を開始したが、この頃から、アサド政権が主張する「テロとの戦い」における役割を評価する声が欧米各国の政策決定者からあがりはじめた。こうして、親米同盟はアサド政権の打倒に躊躇を見せるようになり、また、反米同盟も反体制派と「イスラーム国」との二正面作戦を強いられるようになった結果、互いに「内戦」を終わらせるための決め手を欠く状態が生まれたのである。

次に、変化としては、「三十年戦争」でも、「イスラーム国」を共通の脅威とする「三つどもえ」の戦いの構図が顕在化し、結果的に反米・親米の両同盟の間のデタントの兆しを生んだ。親米同盟は、中東での「イスラーム国」に代表される過激なイスラーム主義者を封じ込めるためにはイランの軍事力や地政学的な影響力が不可欠であることを再認識するに至った。このことを象徴したのが、二〇一五年七月のイランの核開発疑惑をめぐる同国とアメリカを筆頭とする六カ国との間の包括的合同行動計画の合意だろう。イランは、核開発を大幅に縮小することと引き換えに、〇六年からの国連による制裁を段階的に解除されることになった[32]。

ただし、こうした変化はあくまでも限定的なものであり、「イスラーム国」の台頭によって「三十年戦争」の構図が直ちに再編・解消されるかといえば、おそらくそうではないだろう。イランとアメリカとの関係は良好と言えるほどまでには回復しておらず、二〇一一年からのイエメン内戦でのイランとサウジアラビアの代理戦争は激化している。また、アメリカの同盟国イスラエルとパレスチナの紛争は、一四年七月から八月にかけてのガザ紛争が象徴するように、解決に向けた道筋さえ見えていない[33]。

要するに、「イスラーム国」の急速な台頭を経験した中東は、「三十年戦争」の構図を基調としながらも、その対立の激化と緊張の緩和が同時に起こるという混乱状態に入っていった。既存の国家体制や国家間の対立の構造を維持することで中東の「安定」を回復するのか、それとも各国の体制転換や民主化を推し進め、同盟の解体や再編を促すことで、劇的な「不安定」の先に「三十年戦争」に代わる新たな地域秩序を築くのか、中東は大きな転機を迎えていると考えることができるだろう。

おわりに――中東の新たな地域秩序を構想する

「イスラーム国」の台頭の背景には、混迷の色を深める中東で、明確なオルタナティブを見せることに成功していることもある。そのオルタナティブとは、彼らが理想とするイスラーム国家の建設であり、現行の国民国家とは全く異なる統治の原理（イスラーム法による統治）と領域の設定（超領域的な国家建設）を特徴とする。これは、オルタナティブというよりも、むしろ十九世紀末から二十世紀初頭にかけて成立した中東という地域をその存立原理から根本的に否定するアンチテーゼとみるべきかもしれない。

「イスラーム国」は、第一次世界大戦後のイギリス・フランスによって画定された今日の国境線とそれに依拠した国民国家群を「サイクス＝ピコ体制」と批判し、その端緒としてシリアとイラクの国境線を物理的に破壊した。そうした行為は、単なる政治的なパフォーマンスであると退けることもできるだろう。しかし、同時に、中東がその成立以来抱えてきた問題であり、紛争、独裁、テロ、低開発、超大国による外部介入の構造的要因の一つとなってきた「国家と国民の不均衡」[34]や「領土とアイデンティティーの不一致」[35]を考慮すると、「イスラーム国」の言動は実質的なオルタナティブの提示となっている一面もある。また、「イスラーム国」は、自由、人権、民主主義、さらには「世界遺産」といった現代世界での「普遍的価値」を否定することで、そのオルタナティブの新しさ――周回遅れの先頭であること――をアピールしている。つまり、「イスラーム国」は、政治的にも思想的にも、近代西洋によって形成されてきた中東という地域の存在自体を否定する、究極の変革志向を打ち出しているのである。この点が、創造ではなく破壊に徹し、また、領域支配よりもグローバルなテロリズムに明け暮れたアル＝カーイダとの大きな違いであり、新たな時代の過激なイスラーム主義の特徴の一つだろう。

こうした極端なアンチテーゼは、平時であれば多くの人々に支持されることはない。しかし、現実には「イスラーム国」への支持者や参加者は後を絶たない。それは、「アラブの春」後の中東が政治的に混乱しているからだけではなく、「アラブの春」の蹉跌によって、「民主主義」や「市民の力」が失墜してしまったからなのかもしれない。かつて中東の人々の希望を引き受けていたのは、アラブ・ナショナリズムであり、その後は穏健なイスラーム主義だった。しかし、こうしたイデオロギーは時代とともに色褪せ、冷戦後に期待された民主化も停滞するなかで、中東の人々に残されたのは、かつてのような独裁か、それとも「イスラーム国」のような過激なイスラーム主義か、という厳しい二者択一になってしまっているようにみえる。

独裁や過激なイスラーム主義が醸し出す「魅力」や「魔力」に抗うためには、新たな地域秩序の構想が不可欠である。とはいえ、それが中東という特定の地域にだけの課題ではないことを強調しておきたい。なぜならば、世界もまた今日、ポストモダンとグローバル化の隘路にあるからである。冷戦終結によって「壁の向こう側」がなくなった世界——民主主義、自由主義、資本主義の三位一体が席巻する世界——に未解決の多くの問題が存在することはいうまでもない。ポストモダニズムとグローバリズムの荒野の果てに、どのような世界を構想できるのか。それは、中東だけではなく、世界にとっての課題でもある。

注

（１）Aaron David Miller, "Middle East Meltdown," *Foreign Policy*, October 30, 2014.

（２）「イスラーム国」は、日本や欧米のマスメディアではＩＳ（Islamic State）、ＩＳＩＬ（Islamic State in Iraq and Levant）など様々な呼び方をしているが、本章では、アラビア語の正式名称 al-Dawla al-Islāmiya の訳語である「イスラーム国」を用いる。

（３）「中東（The Middle East）」という用語は、アメリカの軍人・海軍史家アルフレッド・セイヤー・マハンによる一九〇二年の論文で最初に用いられたといわれている。Roger Adelson, *London and the Invention of the Middle East: Money, Power, and War, 1902-1922*, Yale University Press, 1995, pp.22-23.

(4) Barry Buzan and Ole Wæver, *Regions and Powers: The Structure of International Security*, Cambridge University Press, 2003, Raymond A. Hinnebusch, "The Middle East Regional System," in Raymond A. Hinnebusch and Anoushiravan Ehteshami eds., *The Foreign Policies of Middle East States*, 2nd ed., Lynne Rienner, 2014.

(5) ターリク・イスマーイールとグレン・ペリーは、中東が国際関係のなかで重大な役割を担ってきたことを踏まえながらも、それが常に「西洋に対する従属の文脈、ときとして抵抗の文脈の内部」でしか起こっていないことを強調し、中東の国際関係を分析するうえで重要な視点だと述べている。Tareq Y. Ismael and Glenn E. Perry, "Toward a Framework for Analysis," in Tareq Y. Ismael and Glenn E. Perry eds., *The International Relations of the Middle East: Subordination and After*, Routledge, 2014, pp.3-38、アメリカの対中東政策を歴史的に概観した研究として、Rashid Khalidi, *Sowing Crisis: The Cold War and American Dominance in the Middle East*, Beacon Press, 2009 や Juan Ricardo Cole, *Engaging The Muslim World*, Palgrave Macmillan, 2009、また Joel S. Migdal, *Shifting Sands: The United States in the Middle East*, Columbia University Press, 2014 がある。

(6) Malcolm Kerr, *The Arab Cold War: Gamal 'Abd Al-Nasir and His Rivals, 1958-1970*, 3rd ed., Oxford University Press, 1971.

(7) フレッド・ハリデー『カブールからマナグアまで――第三世界をめぐる米ソの角逐』滝沢海南子訳、新評論、一九九一年

(8) 末近浩太『イスラーム主義と中東政治――レバノン・ヒズブッラーの抵抗と革命』名古屋大学出版会、二〇一三年、一九九ページ

(9) 同書四四―四六ページ

(10) この時期、イランがイスラーム革命の飛び火を恐れる周辺諸国（特に湾岸アラブ諸国とイラク）との政治的緊張を高めたことも、シリアとイランの同盟関係強化に作用した。また、一九八〇年のイラン・イラク戦争の勃発によって、イラクとの政治的な摩擦――バアス党のルーツをめぐる正統性争い、対イスラエル戦線での足並みの乱れ、シリアのレバノン内戦介入をめぐる見解の相違、ユーフラテス川の水資源をめぐる権利争いなど――を抱えてシリアは、「敵の敵」であるイランを支持した（八二年春には実際にイラクに対する軍事攻撃を敢行した）。シリアとイランは、イ

ラクとイスラエルを共通の敵として同盟関係を強化していった。Anoushiravan Ehteshami and Raymond A. Hinnebusch, *Syria and Iran: Middle East Powers in a Penetrated Regional System*, Routledge, 1997, pp.91-97, Jubin M. Goodarzi, *Syria and Iran: Diplomatic Alliance and Power Politics in the Middle East*, I. B. Tauris, 2009, pp.54-57.

（11）前掲『イスラーム主義と中東政治』四四―四六ページ

（12）ケネス・ウォルツ『国際政治の理論』河野勝／岡垣知子訳（ポリティカル・サイエンス・クラシックス）、勁草書房、二〇一〇年

（13）Ehteshami and Hinnebusch, *op.cit.*, Goodarzi, *op.cit.*, Fred H. Lawson, "Syria's Relations with Iran: Managing the Dilemmas of Alliance," *Middle East Journal*, 61(1), 2007, pp.29-47, Abbas William Samii, "A Stable Structure on Shifting Sands: Assessing the Hizbullah-Iran-Syria Relationship," *Middle East Journal*, 62(1), 2008, pp.32-53、前掲『イスラーム主義と中東政治』二三九―二五二ページ

（14）Stephen Walt, "Why Alliances Endure or Collapse," *Survival*, 29(1), 1997, p.159.

（15）ただし、こうした「安定」は、逆の見方をすれば、反米・親米の両同盟の間の信頼醸成の失敗を意味することに留意する必要がある。「抵抗枢軸」のアメリカの覇権拡大に対するたけだけしい「抵抗」言説は、たとえ自らの正当性と存在意義を再生産するための政治的パフォーマンスにすぎないとしても、親米同盟に強い嫌悪感と警戒感を生み出してきた。その結果、親米同盟は、「抵抗枢軸」を「シーア派」「イスラーム原理主義」「テロ支援国家」と繰り返し非難してきた。両同盟の間の激しい言語行為（スピーチ・アクト）は、それぞれを安全保障の対象とする認識（セキュリタイゼーション）を再生産していき、「三十年戦争」の構図を強化し続けてきたのである。安全保障論でのセキュリタイゼーションの議論については、Barry Buzan, Ole Wæver, and Jaap de Wilde, *Security: A New Framework for Analysis*, Lynne Rienner, 1998 を参照。

（16）溝渕正季「冷戦終結以降の中東における地域秩序の変遷――「アメリカの覇権」の趨勢をめぐって」、名古屋商科大学論集研究紀要委員会編「NUCB Journal of Economics and Information Science」第五十九巻第二号、名古屋商科大学総合経営・経営情報学部、二〇一五年、二二四―二三四ページ

（17）Paul Salem, "The Middle East: Evolution of a Broken Regional Order," *Carnegie Papers* No.9, June, 2008.

（18）F. Gregory Gause III, "Beyond Sectarianism: The New Middle East Cold War," *Brookings Doha Center Analysis Paper* No.11, July, 2014, pp.12-15.

（19）本章では、「アラブの春（The Arab Spring、al-Rabīʻ al-ʻArabī）」を二〇一〇年末にチュニジアから始まった、アラブ諸国での市民による大規模な抗議デモとそれにともなう政治的騒乱（民主化、武力弾圧、内戦を含む）の総称と定義する。しかし、「アラブの春」という表現が「プラハの春」に由来することから、社会や政治の変革を求める市民の主体的な行動を民主化のコンテクストへと限定化してしまう副作用があることも否めない。そのため、たとえば日本では、「アラブ革命」「アラブ動乱」「アラブ政変」「アラブ蜂起」などの表現も用いられている。

（20）二〇一一年の前半には草の根の民主化運動としての「アラブの春」をめぐる楽観的・予定調和的なイメージが欧米のマスメディアで独り歩きする事態が生じたが、これに対して中東政治学者のリサ・アンダーソンは「フォーリン・アフェアーズ」に「アラブの春を脱神話化する」と題した論考を寄せ、各国の抗議デモを牽引した若い活動家たちが思想・戦略・理念を共有しながらも、実際にはそれぞれ違った文脈で異なる相手に対峙していることを指摘した。Lisa Anderson, "Demystifying the Arab Spring: Parsing the Differences Between Tunisia, Egypt, and Libya," *Foreign Affairs*, 90(3), May/June, 2011.「アラブの春」についての研究は相当数出されるようになったが、その発生の規定要因を網羅的に紹介している著作として、Larry Diamond and Marc F. Plattner eds., *Democratization and Authoritarianism in the Arab World*, Johns Hopkins University Press, 2014, Marc Lynch ed., *The Arab Springs Explained: New Contentious Politics in the Middle East*, Columbia University Press, 2014, Larbi Sadiki ed., *Routledge Handbook of the Arab Spring: Rethinking Democratization*, Routledge, 2014 が挙げられる。

（21）加えて、イスラーム主義者のスローガンが後景に退いたことで、民主化を求める市民たちが非イスラーム世界、特に欧米諸国の政府や市民の共感や支持を得やすかったことも指摘できるだろう。

（22）鈴木恵美『エジプト革命――軍とムスリム同胞団、そして若者たち』（中公新書）、中央公論新社、二〇一三年

（23）青山弘之「「アラブの春」の波及」「「革命」の変容」「弾圧と「革命」に疎外される市民」『混迷するシリア――歴史と政治構造から読み解く』岩波書店、二〇一二年

（24）Gause III, op.cit., p.1.

（25）立山良司「体制移行期における内戦と「保護する責任」——リビアとシリアの比較」、日本国際問題研究所『「アラブの春」の将来』（平成二十四年度外務省国際問題調査研究・提言事業）所収、日本国際問題研究所、二〇一三年

（26）I. William Zartman, ed., *Collapsed States: The Disintegration and Restoration of Legitimate Authority*, Lynne Rienner, 1995.

（27）末近浩太『現代シリアの国家変容とイスラーム』ナカニシヤ出版、二〇〇五年、Kota Suechika, “Arab Nationalism Twisted?: The Syrian Ba’th Regime’s Strategies for Nation/State-building,” in Yusuke Murakami, Hiroyuki Yamamoto and Hiromi Komori eds., *Enduring States: In the Face of Challenges from Within and Without*, Kyoto University Press, 2011, pp.84-98.

（28）末近浩太「シリア問題は世界に何を突きつけたのか」、「特集 現代思想の論点二十一」「現代思想」二〇一三年十二月号、青土社、一八三—一八九ページ

（29）アブドルバーリ・アトワーン『イスラーム国』春日雄宇訳、中田考監訳、集英社インターナショナル、二〇一五年

（30）酒井啓子「「イスラーム国」はイラク戦争とシリア内戦で生まれた」、吉岡明子／山尾大編『「イスラーム国」の脅威とイラク』所収、岩波書店、二〇一四年

（31）The Fund For Peace (FFP), *Fragile States Index 2015*, The Fund For Peace, 2015.

（32）Gary Samore ed., *The Iran Nuclear Deal: A Definitive Guide*, Belfer Center for Science and International Affairs, Harvard Kennedy School, 2015.

（33）錦田愛子「パレスチナ——ハマース否定が導いた政治的混乱」、青山弘之編『「アラブの心臓」に何が起きているのか——現代中東の実像』所収、岩波書店、二〇一四年

（34）Benjamin Miller, *States, Nations and Great Powers: The Sources of Regional War and Peace*, Cambridge University Press, 2007, pp.136-153.

（35）Raymond A. Hinnebusch, *The International Politics of the Middle East*, Second edition, Manchester University Press, 2015, p.5-11.

第3章　動揺するヨーロッパ
――中東欧諸国はどこに活路を求めるのか？

仙石　学

はじめに

二〇一四年に公刊されたチェコ政府のポリシーペーパー『チェコ＝アメリカ関係――未来のためのロードマップ』に、次のような一節がある。

中東欧諸国は安全保障政策を必要としてこなかった、なぜなら環境がそれを求めていなかったから。ロシアは軍事的に弱く、アメリカ合衆国が起こりうるどのような脅威に対しても基本的な安全保障を提供し、加えてEUが経済安全保障という「二重の保障」を提供することでバランスを維持してきた。端的にいえば、この環境のために中東欧諸国のほとんどは安全保障を無視することができたのだ。またこのような行動に対してコストを課すような、国内あるいは国外の勢力も存在しなかった。中東欧諸国はこれによって何のペナルティーも課されなかったばかりか、むしろ多くの利益を得てきた。だが、そのような環境はすっかり変わってしまった。[1]

中東欧諸国[2]はEU（欧州連合）とNATO（北大西洋条約機構）に加盟したことで、経済と安全保障の両面で堅固な後ろ盾を得たと考えられていた。だが二〇〇〇年代の後半以降、軍事的に弱体だったロシアは軍事力の増強を進めて近隣諸国の脅威となっている一方で、アメリカはロシアとの関係の改善（「リセット」）、および軍事力のアジア・太平洋地域へのシフト（「リバランス」）という方針を示し、またEUの内部では一連の経済危機や近年の欧州移民／難民問題にともなう内部の対立が深刻化している。このような状況のもとでは、中東欧諸国がこれまでのようにEUとNATOにおいて「フリーライダー」であり続けることはできなくなりつつある。

ではこの変化に対して、中東欧諸国はどのように対応しようとしているのか。これまでの各国の方向性をみると、中東欧のなかでもバルト諸国とポーランドはEUおよび近隣諸国との連携を強めてきたのに対して、チェコ、スロバキア、そしてハンガリーはそのような連携と距離をおいている状況にある。このような相違が現れた理由の一つとしては、ロシアが直接の脅威として存在しているかどうかということがある。だが国際的な要因だけが各国の行動を規定するわけではなく、当然ながらそれぞれの国の国内の政治・経済の状況も影響を与えていて、そのためにポーランドのように政権の交代が政策指向の変化をもたらした国もある。本章では、先に国際環境の変化を簡単に説明したうえで、国ごとの対応の違いを国内の政治・経済状況と関連させながら説明していく。

1　中東欧をめぐる国際環境の変化

ロシアの「拡張」とアメリカの「リバランス」

二〇一四年二月に生じたロシアによるクリミア併合は記憶に新しいところだが、ここに至るまでには〇八年八月の南オセチア紛争に始まるロシアの「拡張主義」ともとれる一連の動きが存在している。きっかけとなる南オセチア紛争はロシアとグルジア（ジョージア）の間の軍事紛争だが、この際にロシアは、グルジアからの離反・

独立を目指していた南オセチアとアブハジアの二地域に軍を派遣し、紛争の終了後も軍隊を引き続き駐留させたうえで、ウラジーミル・プーチン大統領の大統領令による独立の承認を通して、国際社会の意向を無視して一方的に両地域を「独立」させるに至った。(3)

この南オセチア紛争を契機として、ロシアはヨーロッパに対しても「拡張」ともとれる動きを加速させてきた。まず紛争直後の二〇〇八年九月には効率的な軍事作戦の実施を可能とするために、従来の六つの軍管区を東・中央・西・南の四軍管区に再編するとともに、そのなかでヨーロッパに接する西部軍管区に通常兵員の四〇%、主要兵器の三〇%を配置することにした。(4) あわせて〇八年から一三年の間に防衛費を一・三倍以上増額し、それにより兵器・兵站の整備と軍事産業の近代化を推進した。(5) 中東欧に対するより直接的な軍事行動としては、射程距離が五百キロで核搭載が可能なミサイル(イスカンデル)を一〇年にエストニア国境に配備し、また〇九年と一三年にはベラルーシとともにNATOとの戦闘を想定した共同軍事演習を実施した。(6)

他方で、二〇〇九年にアメリカ大統領となったバラク・オバマは、ロシアとNATOの関係をゼロサム的なものではなく互恵的な関係とするように「リセットボタンを押す」という形で、当時のロシア大統領のドミートリー・メドベージェフに対して米ロ関係の「リセット」を提唱した。(7) その背景にはアフガニスタンの安定化やイランの核開発、あるいは気候変動などの問題に対処するためには、ロシアとの協力が不可欠なことが認識されたということがある。(8) この関係の「リセット」を通してオバマはロシアから、イランに対する制裁への合意やアフガニスタンへのNATO軍とアメリカ軍の移動に対する協力などを確保し、その見返りとしてアメリカは、中東欧への配備を予定していた弾道弾迎撃ミサイルの配備を中止することになる。(9)

この「リセット」策は、ロシアでプーチンが再度大統領となり対米強硬路線をとるようになったことや、ロシアが一方的にクリミアを併合したこともあり、その後は実質的な進展を見せてはいない。だがその一方で、アメリカは二〇一二年一月に、新しい防衛戦略としてアジア・太平洋への軍事力の「リバランス」を提唱した。(10) これは軍事戦略の比重をアジア・太平洋地域に移し欧州に派遣している兵力を削減するとともに、今後十年間で約五千億ドルの軍事予算を削減することを予定するもので、中国の台頭にともなう太平洋地域の不安定化と国内での財政支出削減の要請がその背景にあるとされる。[11] この変更そのものはアメリカのヨーロッパ政策の変更、あるいはヨーロッパへの関与の削減を意味するものではないとされるが、それでもアメリカはこの新しい戦略のなかでヨーロッパ諸国に対して、地域防衛に関して一定の役割を果たすことを求めるようになっている。

もともとヨーロッパ諸国は、一九九〇年代後半のコソボ紛争などではアメリカ軍に活動の多くを依拠していたうえに、二〇〇八年以降の経済危機によって多くの国が軍事関連の支出を削減したことで基礎的な防衛能力そのものも低下し、アメリカ軍とともに行動することが困難になっているとされる。[12] そのために一一年六月にはロバート・ゲーツ元国防長官が、西欧諸国の多くはNATOの作戦に参加する能力を有さずアメリカに依存しているという趣旨の発言をし、[13] また一二年五月に開催されたNATOのシカゴサミットでもアメリカは、すべての加盟国が北大西洋条約の第五条（集団的自衛権の行使）に関与することを求めるという形で、ヨーロッパ各国に一定の軍事力を維持することを要求している。[14]

これまで中東欧諸国は周知のとおりポーランドを中心として、各国ともイラクやアフガニスタンでのアメリカの軍事行動に対して一定の支援をおこなってきた。だが半面、自国の防衛に関する準備は必ずしも十分ではなく、なかにはリトアニアのように軍の領域防衛機能を縮小して、危機管理と海外派兵に特化する方向へと転換を進めはじめていた国も存在する。[15] そのためにこのような状況の変化に対して、中東欧諸国はこれまでの防衛政策の見直しを迫られることになった。

経済危機とEU内対立

二〇〇八年九月のリーマン・ブラザーズの破綻に端を発する世界的な経済危機は中東欧諸国にも影響を与え、特にハンガリーとラトビアはＩＭＦ（国際通貨基金）とＥＵからの緊急支援を受けることになった。だが西欧諸国の多くが引き続き発生した、ギリシャでの粉飾決算の表面化に始まる欧州債務危機（ソブリン危機）の影響を

表１　中東欧諸国と欧州主要国のGDP成長率（前年比%）

年	2006	2007	2008	2009	2010	2011	2012	2013	2014
Czech Republic	6.9	5.5	2.7	-4.8	2.3	2.0	-0.9	-0.5	2.0
Estonia	10.3	7.7	-5.4	-14.7	2.5	7.6	5.2	1.6	2.9
Latvia	11.6	9.8	-3.2	-14.2	-2.9	5.0	4.8	4.2	2.4
Lithuania	7.4	11.1	2.6	-14.8	1.6	6.1	3.8	3.3	2.9
Hungary	4.0	0.5	0.9	-6.6	0.8	1.8	-1.5	1.5	3.6
Poland	6.2	7.2	3.9	2.6	3.7	4.8	1.8	1.7	3.4
Slovenia	5.7	6.9	3.3	-7.8	1.2	0.6	-2.7	-1.1	3.0
Slovakia	8.3	10.7	5.4	-5.3	4.8	2.7	1.6	1.4	2.4
Denmark	3.8	0.8	-0.7	-5.1	1.6	1.2	-0.7	-0.5	1.1
Finland	4.1	5.2	0.7	-8.3	3.0	2.6	-1.4	-1.1	-0.4
Sweden	4.7	3.4	-0.6	-5.2	6.0	2.7	-0.3	1.2	2.3
United Kingdom	3.0	2.6	-0.3	-4.3	1.9	1.6	0.7	1.7	3.0
Greece	5.8	3.5	-0.4	-4.4	-5.4	-8.9	-6.6	-3.9	0.8
Spain	4.2	3.8	1.1	-3.6	0.0	-0.6	-2.1	-1.2	1.4
Italy	2.0	1.5	-1.0	-5.5	1.7	0.6	-2.8	-1.7	-0.4
France	2.4	2.4	0.2	-2.9	2.0	2.1	0.2	0.7	0.2
Germany	3.7	3.3	1.1	-5.6	4.1	3.7	0.4	0.3	1.6
European Union (28カ国平均)	3.4	3.1	0.5	-4.4	2.1	1.7	-0.5	0.2	1.4

（出典：“Eurostat”〔http://ec.europa.eu/eurostat〕［アクセス2015年9月30日］）

表２　中東欧諸国と欧州主要国の財政赤字（対GDP比%）

年	2006	2007	2008	2009	2010	2011	2012	2013	2014
Czech Republic	-2.3	-0.7	-2.1	-5.5	-4.4	-2.7	-3.9	-1.2	-2.0
Estonia	2.9	2.5	-2.7	-2.2	0.2	1.2	-0.2	-0.2	0.6
Latvia	-0.6	-0.6	-4.0	-9.0	-8.1	-3.3	-0.8	-0.7	-1.4
Lithuania	-0.3	-0.8	-3.1	-9.1	-6.9	-8.9	-3.1	-2.6	-0.7
Hungary	-9.4	-5.1	-3.7	-4.6	-4.5	-5.5	-2.3	-2.5	-2.6
Poland	-3.6	-1.9	-3.6	-7.3	-7.6	-4.9	-3.7	-4.0	-3.2
Slovenia	-1.2	-0.1	-1.4	-5.9	-5.6	-6.6	-4.0	-14.9	-4.9
Slovakia	-3.6	-1.9	-2.4	-7.9	-7.5	-4.1	-4.2	-2.6	-2.9
Denmark	5.0	5.0	3.2	-2.8	-2.7	-2.1	-3.7	-1.1	1.2
Finland	3.9	5.1	4.2	-2.5	-2.6	-1.0	-2.1	-2.5	-3.2
Sweden	2.2	3.3	2.0	-0.7	0.0	-0.1	-0.9	-1.4	-1.9
United Kingdom	-2.9	-3.0	-5.1	-10.8	-9.7	-7.6	-8.3	-5.7	-5.7
Greece	—	—	—	—	—	-10.2	-8.7	-12.3	-3.5
Spain	2.2	2.0	-4.4	-11.0	-9.4	-9.4	-10.3	-6.8	-5.8
Italy	-3.6	-1.5	-2.7	-5.3	-4.2	-3.5	-3.0	-2.9	-3.0
France	-2.3	-2.5	-3.2	-7.2	-6.8	-5.1	-4.8	-4.1	-4.0
Germany	-1.5	0.3	0.0	-3.0	-4.1	-0.9	0.1	0.1	0.7
European Union (28 countries)	—	—	—	—	—	-4.5	-4.2	-3.2	-2.9

（出典：同ウェブサイト）

表３　中東欧諸国と欧州主要国の債務残高（対GDP比%）

年	2006	2007	2008	2009	2010	2011	2012	2013	2014
Czech Republic	27.9	27.8	28.7	34.1	38.2	39.9	44.6	45.0	42.6
Estonia	4.4	3.7	4.5	7.0	6.5	6.0	9.7	10.1	10.6
Latvia	9.9	8.4	18.6	36.4	46.8	42.7	40.9	38.2	40.0
Lithuania	17.2	15.9	14.6	29.0	36.2	37.2	39.8	38.8	40.9
Hungary	65.0	65.9	71.9	78.2	80.9	81.0	78.5	77.3	76.9
Poland	47.1	44.2	46.6	49.8	53.6	54.8	54.4	55.7	50.1
Slovenia	26.0	22.7	21.6	34.5	38.2	46.5	53.7	70.3	80.9
Slovakia	30.7	29.8	28.2	36.0	40.9	43.4	52.1	54.6	53.6
Denmark	31.5	27.3	33.4	40.4	42.9	46.4	45.6	45.0	45.2
Finland	38.2	34.0	32.7	41.7	47.1	48.5	52.9	55.8	59.3
Sweden	43.1	38.2	36.8	40.3	36.8	36.2	36.6	38.7	43.9
United Kingdom	42.5	43.6	51.8	65.8	76.4	81.8	85.8	87.3	89.4
Greece	—	—	—	—	—	171.3	156.9	175.0	177.1
Spain	38.9	35.5	39.4	52.7	60.1	69.2	84.4	92.1	97.7
Italy	102.5	99.7	102.3	112.5	115.3	116.4	123.1	128.5	132.1
France	64.4	64.4	68.1	79.0	81.7	85.2	89.6	92.3	95.0
Germany	66.5	63.7	65.1	72.6	80.5	77.9	79.3	77.1	74.7
European Union (28 countries)	—	—	—	—	—	80.9	83.7	85.5	86.8

（出典：同ウェブサイト）

受けて経済停滞が長期化したのに比べるならば、中東欧諸国の多くは比較的早い時期に経済を立て直したことで、欧州債務危機の影響は軽微なものとなっている。この点は国によってばらつきはあるものの、表1に挙げた中東欧諸国と西欧主要国のGDP（国内総生産）成長率のデータで一二年以降、中東欧諸国の多くはEU平均以上の、西欧の主要国より高い成長率を達成している点にもみることができる。

中東欧諸国が欧州債務危機の影響を大きく受けなかった背景としては、国によってその程度に差はあるものの、中東欧諸国はリーマンショック以後に何らかの形で支出削減と財政均衡策を実施し、財政赤字と債務残高の増加を回避したということがある。[16]この点は表2に挙げた政府の財政赤字比率と表3に挙げた政府債務残高のデータからも確認できるが、中東欧諸国は歳出や債務の増加を抑制したことで、南欧諸国やアイルランドのように危機が長期化することを避けることができた。

中東欧諸国に関して問題となるのは経済危機そのものよりも、むしろギリシャの経済危機にともなうEU内での対立の先鋭化である。ギリシャの危機が深刻化して再度株価やユーロの暴落が生じた場合、いまは安定している中東欧諸国の経済も影響を受ける可能性が高い。またEUの結束が崩れることは経済だけでなく、安全保障の面でも中東欧諸国の立場を危うくすることにつながりかねない。そこから中東欧諸国も、EU内での問題の解決に一定の関与を求められることになった。

2　国際環境の変化への中東欧諸国の対応

前節では安全保障とEUの問題で中東欧諸国がもはやフリーライダーではいられなくなっている状況を説明したが、そのことは必ずしもすべての国が積極的な関与を強制されることを意味するわけではない。そしてこれまでのところ、中東欧諸国のなかでもバルト諸国とポーランドはより主体的にこれらの問題に関与しようとしてきたのに対して、チェコ、ハンガリー、スロバキアの三カ国はどちらかといえばフリーライダー的な立場をとり続けているようにみえる。このパターンの違いは、安全保障面でのロシアの直接的な脅威の存否ということももちろん作用しているが、共通の軍事的な脅威が直ちに相互協力の促進へと結び付くわけではない。各国の行動の背景にはそれぞれの国の政治・経済の状況があり、それが欧州内での結び付きを強めるか、あるいは独自の路線を進めるかという選択とも密接に連関している。以下ではこの二つのグループに分けて、それぞれの国の事情を検討していくことにする。

積極的な欧州接近を進める国——バルト諸国とポーランド

バルト諸国とポーランドに関しては、まず安全保障面でエストニアとラトビアは直接ロシア本土と、リトアニアとポーランドはロシアの軍事拠点の一つであるカリーニングラードと接していることで、ロシアの脅威に対して敏感な立場にある。[17] さらにエストニアとラトビアに関しては、ロシア西部での軍事活動の活発化は、ロシアが両国のロシア語住民内の親ロ派に暴動・衝突を生じさせ、それを口実としてロシアが軍事介入をおこなう可能性とも結び付いていることも指摘されている。[18]

そこからポーランドはアメリカの「リバランス」に対応する形で近隣諸国との防衛体制を強化する戦略をとり、バルト諸国と協力してロシアの侵攻に対抗するNATOの演習を実現させる、[19] あるいは一時期中断していたドイツ・フランスとの協議体制であるワイマール・トライアングルによる防衛協力を推進する、[20] などの施策を実施してきた。バルト諸国もポーランドとの協力以外に、NATOとの協力とそれをおこなえるだけの軍事力の整備（特にNATO軍に対する兵站の強化やゲリラ戦に対する抑止力の強化）を進めているし、[21] NATOに加盟していないスウェーデンやフィンランドを含めた北欧諸国との軍事面を含めた包括的な協力関係の形成にも尽力している。[22]

だがこのような軍事面での協力を進めることが可能になったのには、それぞれの国の政治・経済の状況が軍事以外の面でも地域協力の促進を必要としていたということも作用している。バルト諸国に関しては、いずれの国でも主要な政治勢力は早期にユーロを導入するという点では合意が存在していた。そのために経済危機の直後は、IMFからの融資を受けたラトビアのみでなく、各国とも財政支出削減をおこなうことで経済危機の長期化を回避する路線を採用した。もちろん危機の時期にあえて財政削減を実施するのには、通貨切り下げをおこなうと貿易依存度が高い国内産業が壊滅的な打撃を受ける可能性があることや、通貨価値を維持することで外資の信頼を獲得し再度投資を呼び込めるようにすることなども理由としては存在している。[23]だがそれ以上に、ユーロの枠内に入ることによってほかのユーロ諸国と同等の扱いを受けることができ、また安全保障の面でもより安定した地位を確保することができるというメリットは大きく、[24]そのためにバルト諸国はユーロの導入に向けてEUと協調する路線を継続してきた。

一方のポーランドは、人口が多く内需がある程度維持されていることから、バルト諸国のような切実なユーロ導入指向は存在していない。だがそれにもかかわらず、経済危機以後のポーランドは基本的にドイツおよびほかのユーロ導入国と協調する路線をとり続けてきた。その理由としては、経済危機の影響を最小限に抑えられたこと、国内政治が欧州指向で比較的長期にわたって安定していたことの二点がある。[25]まず経済の面では、ポーランドはリーマン・ショック以後も経済の大きな後退を経験せず、そこから相対的にEUのなかでの発言力が大きくなっているということがある。ポーランドがこの時期に経済的な後退を経験しなかった理由としては内需の大きさに加えて、通貨ズウォチが変動相場制でユーロ暴落の影響を回避できたこと、中小企業が企業全体の九九・八％を占めている一方で、これがGDPの五〇％を生み出していたことで比較的危機に柔軟に対応できたこと、ウクライナと共催のサッカー欧州選手権の開幕直前で国内が建設ラッシュに沸いていたこと、などを挙げることができる。[26]もともと欧州のなかでも大国であるポーランドが経済危機を回避したことで、ポーランドはEUへの積極的な関与を進める基盤を得ることになった。

それ以上に重要な要素として、経済危機の前後でポーランドの政治がEU協調路線で安定していたということもある。反EU・反ロシアを主張して周辺国との関係を悪化させていた保守ナショナリスト政党の「法と正義」

が二〇〇七年の選挙で敗北して以降、ＥＵ指向の穏健な保守リベラル政党である「市民プラットフォーム」が継続的に政権についていたことに加えて、そのトップであるドナルド・トゥスクが首相としてＥＵとドイツとの関係を重視する立場をとってきたことが、ポーランドをＥＵに接近させる要因として作用している。特にトゥスクは経済問題に関しても教条的にならず柔軟に対応していただけでなく、[27]政策的立場が近いこともありドイツのアンゲラ・メルケル首相とも良好な関係を築いてきたことからＥＵ内での信頼も高く、[28]現在では二代目の欧州理事会議長（通称「欧州大統領」）に就任している。

だが、小国としての存続を欧州との協力に求めることでは主要勢力間の合意があるバルト諸国とは異なり、ポーランドの欧州指向はあくまでも市民プラットフォームが政権についていたことによるもので、政権が交代すればその方向性が大きく変わることになる。実際二〇一五年には、五月の大統領選挙で勝利が確実視されていた市民プラットフォームのブロニスワフ・コモロフスキが経済政策に不満を有する層に支持を広げた法と正義のアンジェイ・ドゥダに敗れたことに加えて、同年夏に顕在化した欧州移民／難民問題で積極的な受け入れ姿勢を示した市民プラットフォームはその後支持率を大幅に低下させ、十月の議会選挙では、移民受け入れと緊縮財政に反対する法と正義に敗れることとなった。今後のポーランドは、次に議論する諸国との連携を強める方向に動く可能性が高くなっている。

欧州と距離をとる国——チェコ・スロバキア・ハンガリー

先の四カ国が安全保障での連携とヨーロッパとの協力を推進しているのに対して、ここで取り上げる三カ国はこれらの動きには積極的には関与していないか、あるいはそれに逆行するような動きをとっている。この点については、この三カ国がロシアからの安全保障の直接の脅威を受けていないこともさることながら、それぞれの国の事情から欧州内での協力に積極的ではないということも影響している。以下各国の状況について、簡単に検討しておく。

まずチェコに関しては、社会民主党と保守リベラルの市民民主党が二大政党として存在しているが、変動の時期にあたる二〇〇六年から一三年の間は市民民主党が政権を維持していたことが、チェコの政策の方向性を規定してきた。市民民主党は保守リベラル政党ではあるもののポーランドの市民プラットフォームとは異なり、EUの各種の規制などに反対する欧州懐疑主義の立場をとり、また同時に強いアメリカ指向を有している。そのためアメリカが実施してきた軍事活動には積極的に関与する一方で、ユーロの導入をはじめとするEUとの政策協調に関しては一貫して否定的な態度をとり続けてきた。

安全保障面では、体制転換後のチェコは直接的な周辺国の脅威を有していないこともあり、基本的にはNATOへの加盟を追求していても、そこで一定の役割を果たすことは想定していなかったとされる。[29]これに対して市民民主党はチェコもいわゆる「有志連合」の一員だとして、アフガニスタンへの本格的な関与に乗り出し、またアメリカが推進した弾道ミサイル防衛構想を支持するというように、積極的にアメリカを支援する政策を進めてきた。だがそのために市民民主党はアメリカの「リセット」政策には反発し、その後アフガニスタンから一方的に撤収する、あるいはリビアへのNATOの人道的介入への参加を拒絶するなど、安全保障面での協力から距離をおくようになった。

他方でEUとの関係では、共同歩調をとることを常に否定してきた。二〇〇八年の経済危機の際にも、EUは財政支出による危機回復策の実施を求めたにもかかわらず（しかもその際にチェコは議長国であったにもかかわらず）EUの意向に配慮せず、支出・赤字削減を軸とした財政均衡策をとり続けてきたし、[30]財政の持続可能性の維持や雇用拡大、競争力強化、金融の安定化などを目的として二〇一一年に合意された「ユーロプラス協定」と一三年に発効した「財政協定（経済通貨同盟における安定、協調、統治に関する条約）」にもチェコは参加していない。[31]当然ながらユーロの導入にも否定的である。このようにチェコは、ヨーロッパでの各種の連携と距離をおいている状況にある。[32]

次にハンガリーであるが、二〇〇八年の危機の際に政権についていた社会党が危機への対処を適切におこなえなかったことに加えて、最終的にＩＭＦとＥＵから緊急融資を受け、その見返りとして年金や社会給付、公務員給与の削減など歳出削減、緊縮財政策を実施したことで国内の不満が高まっていた。そのため一〇年四月の選挙で社会党は大敗し、保守ナショナリスト政党の「フィデス」が、憲法改正が可能な議会の三分の二以上の議席を獲得して政権につくことになった。

このとき八年ぶりに首相の座に返り咲いたヴィクトル・オルバーンは、絶対多数の議席を確保したことで強権的な政治手法をとるようになり、そのためにＥＵとの間でしばしば衝突を起こしてきた。[33] また国民の不満を利用する形で、銀行に対して高率の銀行税を課す、民間年金基金を再国有化し基金を国庫に統合する、外資の比重が高い産業に特別税を課すなどの「非正統的」な経済運営を実施し、[34] その結果としてＩＭＦおよびＥＵとの追加融資に関する協議が打ち切られることになった。[35]

他方でフィデスは外交面で、ロシアやアジア諸国との関係を深める「東方開放政策」を実施してきた。[36] これはＥＵへの依存を減らし、新たな投資・ビジネス関係を追求するなかで選択されたものだが、それぞれの国の内政には干渉せずにプラグマチックに経済関係を深めることを軸とするもので、特に中国やロシアとの経済関係を強化するものとなっている。このためハンガリーはロシアのクリミア併合への直接的な批判を回避していて、この点でもほかの欧州諸国と異なる立場をとっている。このオルバーンの行動は、経済危機を教訓としてハンガリー経済の自立性を高めるためのものという見方もある。[37] だがこのような動きは当然のことながら、ハンガリーがほかのＥＵ諸国と協調することを困難なものとしている。

最後にスロバキアだが、スロバキアはユーロを導入しているという点で先の二カ国とは状況が異なっている。スロバキアに関しては、ＥＵ加盟前後の八年間にＥＵ加盟に積極的なリベラル系の政党が中心となる連立政権が存在していたことで、ユーロの導入に向けて新自由主義的な構造改革を推進してきた。スロバキアがユーロ導入を推進したのはバルト諸国と同様に外資導入という動機が重要だが、[38] この点については社会民主主義系の政党「方向・社会民主」もやむをえないとする立場をとっていることで、[39] ユーロに関しては国内の対立が大きくなかったことが作用している。またユーロを導入したことによって、スロバキアは経済問題に関してはドイツを支持する立場をとっている。[40]

ただスロバキアはコソボ問題でほかの諸国と異なる路線をとっていることで、やはり周辺諸国との協力が難しい状況にある。[41]もともとスロバキアにはセルビアへの親近感があり、またセルビア国内にはスロバキア系マイノリティーも存在していたことで、NATOが進めたセルビア空爆には協力こそしたものの必ずしも積極的な立場をとっていたわけではなかった。そして二〇〇八年二月にコソボが独立を宣言したあとも、一方的な少数派の分離はヨーロッパの安定につながらないとして、これを承認しないとする立場をとり続けている。[42]スロバキアはコソボを承認しないことによってセルビアとEU・NATOとの仲介が可能となるという見方を示しているが、このような見方は十分に受け入れられているとはいいがたい。

おわりに

ここまでみてきたように、現在の中東欧諸国はヨーロッパ内での連携を強めようとするグループとこれとは距離をおくグループとに二極化している。この構図は二〇一五年の夏に生じたいわゆる欧州移民／難民問題でも、中東欧諸国は基本的にいずれも難民の割り当てによる受け入れには消極的であるなか、九月末に欧州理事会で十二万人の難民受け入れ案が議論された際に、ポーランドとバルト諸国は最終的には賛成票を投じたのに対して、チェコ、スロバキア、ハンガリーは受け入れに対して反対票を投じたという点にも現れている。[43]欧州内での協調を優先するか、EUと対立してでも自国の政策を優先するかという軸は、今後も中東欧諸国の対応をみるうえで重要な論点であり続けると考えられる。

この点で今後注目すべきなのは、政策の方向性が大きく変化する可能性の高いポーランドの動向だろう。先にも書いたように、ポーランドは人口三千八百万人と中東欧のなかでは最大、ヨーロッパ全体でも六番目であり、また経済規模も国レベルではＥＵのなかで八番目となっている。そのポーランドが長年にわたってＥＵやドイツと協調路線をとってきたことは、ＥＵの不安定化を回避するために一定の役割を果たしてきた。だがポーランドの市民プラットフォームが移民受け入れに積極的な立場をとったことは同党に対する支持を減らす方向に作用し、その結果として同党は政権を喪失することになった。このため今後は、ポーランドが欧州協調に反対するような行動をとりＥＵを不安定化させるということも考えられる。そのようなときに欧州理事会議長であるトゥスクがどのような行動をとるかという点ともあわせて、今後の動向を見ていく必要があるだろう。

注

（1）*Czech-American Relations: A Roadmap for the Future* (*Policy Paper*), Prague Centre for Transatlantic Relations, December 2014, p.7.

（2）「中東欧諸国」については、ここではヨーロッパの旧社会主義圏（いわゆる「東欧」）のなかでも北側にあり、二〇〇四年に欧州連合に同時に加盟したバルト諸国と大陸のチェコ・スロバキア・ハンガリー・ポーランド（この四カ国は「ヴィシェグラード諸国」あるいは「東中欧」とも称される）、そして旧ユーゴスラビアのスロベニアの八カ国を指すものとする。ただしスロベニアは今回の議論には含めていない。

（3）なお現在までに、ロシアのほかニカラグア、ベネズエラ、ナウルの各国がこの両地域の独立を承認している。

（4）Yury E. Fedorov, "Continuity and Change in Russia's Policy toward Central and Eastern Europe," *Communist and Post-Communist Studies*, 46(3), 2013, p.323.

（5）Heather A. Conlye and Caroline Rohloff, "Challenges to the Nordic-Baltic Region after Crimea as Seen from Washington," in Daniel S. Hamilton, András Simonyi and Debra L. Cagan eds., *Advancing U.S.-Nordic-Baltic Security Co-operation: Adapting Partnership to a New Security Environment*, Center for Transatlantic Relations, 2014, p.96.

（6）Ibid., pp.96-97. なおここでは、二〇〇九年の演習はＮＡＴＯの通常軍の攻撃への対処という側面が強かったのに対して、一三年の演習は対テロ演習や短時間での都市制圧などに比重がおかれていて、そのためにこの演習はクリミア併合の「予行演習」的な意味合いもあったことも指摘されている。

（7）この「リセット」という表現そのものは、二〇〇九年の二月におこなわれたジョー・バイデン副大統領の演説のなかで現れたものである。演説の全文はホワイトハウスのウェブサイト（〔https://www.whitehouse.gov/the-press-office/remarks-vice-president-biden-45th-munich-conference-security-policy〕［アクセス二〇一五年九月三十日］）を参照。

（8）Samuel Charap, "The Transformation of US-Russia Relations," *Current History*, 729, 2010, p.282.

（9）Daniel Hamilton, "The Changing Nature of the Transatlantic Link: U.S. Approaches and Implications for Central and Eastern Europe," *Communist and Post-Communist Studies*, 46(3), 2013, pp.311-312; Kari Roberts, "Dètante 2.0?: The Meaning of Russia's 'Reset' with the United States," *International Studies Perspectives*, 15(1), 2014, p.6; Fedorov, op.cit, p.321.

（10）*Sustaining U.S. Global Leadership: Priorities for 21st Century Defense*, January 2012, U.S. Department of Defense, p.2.（http://www.defense.gov/news/Defense_Strategic_Guidance.pdf）［アクセス二〇一五年九月三十日］

（11）Hamilton, op.cit, pp.304-305.

（12）Ibid., p.305.

（13）Thom Shanker, "Defense Secretary Warns NATO of 'Dim' Future," *The New York Times*, June 10, 2011.（http://www.nytimes.com/2011/06/11/world/europe/11gates.html）［アクセス二〇一五年九月三十日］

（14）シカゴサミットでの宣言文はＮＡＴＯのウェブサイト（〔http://www.nato.int/cps/en/natolive/official_texts_87593.htm%3fmode%3dpressrelease〕［アクセス二〇一五年九月三十日］）を参照。

（15）Maria Mälksoo and Margarita Šešelgytė, "Reinventing 'new' Europe: Baltic Perspectives on Transatlantic Security Reconfigurations," *Communist and Post-Communist Studies*, 46(3), 2013, p.401.

（16）Martin Myant, Jan Drahokoupil and Ivan Lesay, "The Political Economy of Crisis Management in East-Central European Countries," *Europe-Asia Studies*, 65(3), 2013, pp.383-410; Rainer Kattel and Ringa Raudla, "The Baltic Republics and the Crisis of 2008-2011," *Europe-Asia Studies*, 65(3), 2013, pp.426-449.

（17）そのためこの諸国は、たとえば二〇〇八年の南オセチア紛争の際に、四カ国の大統領はグルジア問題へのEUとNATOの積極的な関与を求め、この紛争がNATOとEUにとっての「リトマス紙」となるという共同声明を公表している（Mälksoo and Šešelgytė, op.cit., p.399. なお、共同声明の全文はリトアニア大統領府ウェブサイト〔http://web.archive.org/web/20080814032314/http://www.president.lt/en/news.full/9475〕などを参照）。

（18）Fedorov, op.cit, p.324.

（19）Pauli Järvenpää, "Challenges to the Nordic-Baltic Region after Crimea: A Baltic View," in Hamilton, Simonyi and Cagan eds., *op.cit.*, pp.81-82.

（20）Marcel Dickow, Hilmar Linnenkamp, Jean-Pierre Maulny and Marcin Terlikowski, *Weimar Defense Cooperation: Projects to Respond to the European Imperative*, Polski Instytut Spraw Międzynarodowych, 2011.

（21）Järvenpää, op cit., pp.81-87.

（22）Mälksoo and Šešelgytė, op.cit. pp.403-404.

（23）Kattel and Raudla, op.cit., pp.429-433.

（24）Mälksoo and Šešelgytė, op.cit., p.404.

（25）特に二〇〇九年には、EU加盟国のなかで唯一のプラス成長国（一・六%、表1参照）となっている。

（26）Gavin Rae, "Avoiding the Economic Crisis: Pragmatic Liberalism and Divisions over Economic Policy in Poland," *Europe-Asia Studies*, 65(3), 2013, pp.417-419; Kerry Longhurst, "Where from, Where to?: New and Old Configurations in Poland's Foreign and Security Policy Priorities," *Communist and Post-Communist Studies*, 46(3), 2013, pp.367-368.

（27）たとえば経済危機の際にも財政均衡を重視しながらこれを教条的におこなうのではなく、必要な際には財政支出も実施するという方針をとっていた（Rae, op.cit., pp.417-418）。

（28）ポーランドの雑誌「Polityka」電子版二〇一三年十月十日付の記事 "Tusk i Merkel: historia równoległa"（〔http://

www.polityka.pl/tygodnikpolityka/kraj/1554711,1,tusk-i-merkel-historia-rownolegla.read〕［アクセス二〇一五年九月三十日］）では、両者の良好な関係を「メルコトゥスク（Merkotusk）」と評している。

（29）以下の記述は Nik Hynek, "Coping with U.S. and EU's Challenges?: Strategic Confusion in the Czech Foreign and Security Policy," *Communist and Post-Communist Studies*, 46(3), 2013, pp.373-385 による。

（30）Myant, Drahokoupil and Lesay, op.cit., pp.393-397. ただし財政均衡策をとることで、危機の深化を免れたということはある。

（31）なお加盟国のなかで財政協定に参加していないのは、チェコとイギリスだけである。

（32）チェコでは国内経済が堅調であることや国外の経済危機がチェコ経済に影響することへのおそれからユーロ導入に対する支持が低く、そのためにEUとの連携を追求する現在の社会民主党の政権も、ユーロの早急な導入は困難だとしている（「ブルームバーグ」日本語版二〇一四年一月十五日付の「チェコ次期首相：ユーロ導入、向こう四年はない――国民反対で」〔http://www.bloomberg.co.jp/news/123-MZFUWS6JIJVT01.html〕［アクセス二〇一五年九月三十日］から）。

（33）「The Wall Street Journal」電子版二〇一五年五月二十四日付の Simon Nixon, "Hungary's Challenge to European Values: European Union Now Contends with its Hungary Problem"（〔http://www.wsj.com/articles/hungarys-challenge-to-european-values-1432492960〕［アクセス二〇一五年九月三十日］）から。

（34）平田武「ハンガリーにおけるデモクラシーのバックスライディング」、日本比較政治学会編『体制転換／非転換の比較政治』（「日本比較政治学会年報」第十六号）所収、ミネルヴァ書房、二〇一四年、一一七―一一九ページ

（35）ただしこのことは、ハンガリーが財政均衡や債務の抑制を全く実施していないということを意味するわけではない。ハンガリーは二〇一一年の新憲法で国の債務を原則としてGDPの五〇%以内とすることを定め、また財政赤字もGDPの三%以内とするプログラムを実施している。そしてその実現のために付加価値税の引き上げ、公的部門の雇用削減、失業や障害・疾病に関する給付の削減などを実施している（Myant, Drahokoupil and Lesay, op.cit., pp.405-407）。

（36）以下の記述は Dariusz Kałan, "They Who Sow the Wind...Hungary's Opening to the East," *Bulletin*, no.37, 2014, pp.1-2 による。

（37）Nixon, op.cit.

（38）ちなみにスロバキアが外資を引き付けられた理由としては、チェコスロバキア時代に軍事産業の比重が高かったために高度な技術を有する労働者が多かったこと、政府が輸出産業に補助金を提供したこと、ユーロ導入に向けてインフレと財政赤字の抑制に成功したこと、経済危機以前のハンガリーの放漫財政を嫌った外資がスロバキアに拠点を移したことなどが挙げられている（James W. Dean, Eva Muchova, and Jan Lisy, "How Slovakia Has Kept the Confidence Fairy," *Journal of Policy Modeling*, 35(4), 2013, pp.487-503）。

（39）林忠行「スロヴァキア政党政治における「第二世代改革」――遅れてきた新自由主義の「成功」と「定着」」、村上勇介／仙石学編『ネオリベラリズムの実践現場――中東欧・ロシアとラテンアメリカ』（「地域研究のフロンティア」第二巻）所収、京都大学学術出版会、二〇一三年、一五五―一六〇ページ

（40）Vladimir Handl and William E. Paterson, "The Continuing Relevance of Germany's Engine for CEE and the EU," *Communist and Post-Communist Studies*, 46(3), 2013, pp.333.

（41）以下の記述は Jozef Bátora, "Compliance and Non-compliance as Sources of Recognition: Slovakia and NATO," *Communist and Post-Communist Studies*, 46(3), 2013, pp.387-396 による。

（42）執筆時点でＮＡＴＯ加盟国でコソボを承認していないのは、ほかにギリシャ、スペイン、ルーマニア、ＥＵ加盟国ではこれにキプロスが加わる。

（43）「日本経済新聞」電子版二〇一五年九月二十三日付の「ＥＵ難民分担、禍根残す多数決　チェコなど四カ国が反対」（〔http://www.nikkei.com/article/DGXLASFK23H0T_T20C15A9000000/〕［アクセス二〇一五年九月三十日］）による（残りの反対国はルーマニア）。ただしポーランドでは、このことが移民受け入れに反対する法と正義の支持を高める方向に作用したとされる（「難民拒否の野党が優勢＝総選挙まで一ヶ月――ポーランド」「時事ドットコム」二〇一五年九月二十四日付〔http://www.jiji.com/jc/zc?k=201509/2015092400485&g=int〕［アクセス二〇一五年九月三十日］）。

［補記］本章は北海道大学スラブ・ユーラシア研究センターの二〇一五年度公開講座「動乱のユーラシア――燃え上がる紛争、揺れ動く政治経済」の第五回「東と西の狭間で――揺れ動く中東欧」の講演の内容をもとに、その後の状況の変化を含めてまとめたものである。また本章は、科学研究費補助金基盤研究C「財政規律規範の形成と政策移転・欧州化の比較研究」（課題番号15K03313、代表・森井裕一東京大学教授、二〇一五―一七年度）の成果の一部である。

第4章　ラテンアメリカでの地域秩序変動

村上勇介

はじめに

二十一世紀に入ってから、ラテンアメリカ地域の地域秩序は転換期を迎えている。それは、簡潔にいえば、アメリカ合衆国の覇権の低下に集約できる動きである。二十世紀を通じて、アメリカ合衆国の「裏庭」と揶揄されてきたように、ラテンアメリカの国際関係は、「北の超大国」の覇権が常に前提として存在した。アメリカ合衆国の圧倒的なパワーを前に、ラテンアメリカ諸国はその利害をアメリカ合衆国に対して強く主張することはできなかった。確かに、東西冷戦やアメリカ合衆国の覇権の揺らぎといった世界規模の動態のなかで、ラテンアメリカがアメリカ合衆国から距離をおく、あるいは自立しようとする動きはみられた。だが、ラテンアメリカのほとんどの国の政治・経済・社会が不安定で、そうした動きが中・長期的な傾向として持続することはなく、アメリカ合衆国の覇権を脅かすレベルにまでなることもなかった。ところが、そのような状況が、今日、大きく変貌しているのだ。

当時のことを思うと隔世の感を抱かせるに至ったのには、月並みながら、ラテンアメリカ地域の内側の要因と外側の要因がある。その両者が絡み合い、次の世紀を迎えて、潮目が大きく変わったのだった。地域内の要因としては、まず、二十世紀に観察された支配的な傾向と比較すれば、ラテンアメリカ各国の政治が民主主義体制のもとで安定化したことが挙げられる。同時に、新自由主義改革を経て、経済が回復から、折からの世界経済の拡大にともなったコモディティー輸出ブームによる成長へとつながった。一方、地域外の要因としては、アメリカ合衆国の覇権の低下、そしてそれと裏腹の関係にある中国やＥＵ（欧州連合）の台頭がある。

以下では、二十一世紀のラテンアメリカでの地域秩序の現状を分析するため、最初に二十世紀の状況について、アメリカ合衆国の覇権を中心に一般的な特徴を振り返る。続いて、それが動揺した背景について考察を加える。

1　アメリカ合衆国の覇権

覇権の確立

二十世紀のラテンアメリカでの国際関係は、一義的には、アメリカ合衆国の覇権に特徴づけられる。それは、一九三〇年代から四〇年代にかけて確立した。

十九世紀の初頭にラテンアメリカ諸国は植民地のくびきから解放されたが、今度は当時、経済面で圧倒的な力を有していたイギリスの覇権のもとにおかれる。一方、アメリカ合衆国は十九世紀を通じて大国化の道を歩み、その過程で、徐々にラテンアメリカへの影響力を拡大する。アメリカ合衆国に近い側、つまりメキシコ、中米・カリブ海地域への影響力が十九世紀の終わりまでには相当のレベルに達していた。それは、パナマ運河建設のため、当時コロンビア領だったパナマを一九〇三年に独立させたことに象徴される（難工事の末のパナマ運河の完成は一四年）。イギリスの影響力[1]は、二十世紀に入っても南米（アメリカ大陸のコロンビア以南）に残存していたが、第一次世界大戦から第二次世界大戦を経て大きく後退し、かわりにラテンアメリカ全域でのアメリカ合衆国の覇権が確立する。

その後、東西冷戦の国際情勢のもとで挑戦を受けることはあったものの、また自らの独立に敏感なラテンアメリカ諸国がアメリカ合衆国からの干渉を警戒し、安易にアメリカ合衆国の立場を支持することは頻繁には起こらなかったものの、基本的にはアメリカ合衆国の覇権は存続し、一九八〇年代以降は絶頂に達した。その間、アメリカ合衆国がラテンアメリカでその影響力を行使する主要な手段として利用したのが、米州機構(OAS)である。(2)

米州機構は、一九四八年に採択された米州機構憲章に基づき、五一年に設立された。アメリカ合衆国とラテンアメリカ諸国は、米州機構憲章採択の前年、四七年に米州相互援助条約を締結し、地域的な集団安全保障体制をとることを取り決めていた。ただ、この時点では、共産主義の浸透に対する安全保障であることは意識されていなかった。米州機構憲章の採択や米州機構の発足にあたって、共産主義の脅威に対抗する旨の決議が採択され、米州機構はアメリカ合衆国が旗を振る反共路線を反映するようになる。

そうしたアメリカ合衆国の反共路線が地域レベルで具体的に鮮明となったのは、グアテマラのハコボ・アルベンス政権(一九五一—五四年)をめぐる対応でである。アルベンスは軍人だったが、共産主義に傾倒し、五〇年の選挙を経て大統領に就任すると、労働者保護政策や農地改革、共産圏への接近などを進めた。農地改革の影響はアメリカ合衆国企業の所有地にも及んだ。そうしたアルベンス政権に対し、アメリカ合衆国が中心となり、米州機構は五四年に、国際共産主義運動に属する勢力が米州のいずれかの国の政権を握ることは、米州諸国の主権と独立、そして平和への脅威である旨の決議を可決した。この決議が、アメリカ合衆国の反共路線が鮮明になった初めての米州機構による意思表示だった。米州機構の決議後、アルベンスは軍の保守派によるクーデターで政権を追われた。このクーデターの背後で糸を引いていたのはアメリカ合衆国政府だった。

以後、米州機構を通じた非難や圧力と背後での軍事作戦という組み合わせは、ラテンアメリカでの左派政権に対するアメリカ合衆国の常套手段となる。一九五九年に起きた革命を経て成立したキューバのフィデル・カストロ政権、六五年に軍左派によるクーデターから誕生したドミニカ共和国の軍事政権が、グアテマラのアルベンス政権に続く例となった。

覇権の動揺

ラテンアメリカでのアメリカ合衆国の影響力は、多極化が進んだ世界やベトナムへの介入を契機に変化し始めたアメリカ合衆国の状況を反映し、一九六〇年代の後半に入ると、それまでの圧倒的なレベルから低下した。六七年にアメリカ合衆国は、米州機構の場で米州平和維持軍の創設を提案したが、「北の大国」の干渉を懸念したラテンアメリカ側の賛同を得ることができなかった。その一方、このときに、ラテンアメリカ諸国のかねてからの要求を受け入れる形で、米州機構が加盟国の経済や社会、教育、文化に関する機能を備えることにアメリカ合衆国は同意した。

一九七〇年代にはアメリカ合衆国の動揺にともない、地域レベルでの同国の覇権の低下が明らかとなった。七五年には、米州機構が、ラテンアメリカ諸国の提案で内政不干渉原則を確認し、また六四年に採択されたキューバに対する制裁を解除する決定をおこなった。この七五年には、アメリカ合衆国をメンバーとはせず、キューバを含む二十三のラテンアメリカ諸国が、独自の経済協議組織であるラテンアメリカ経済機構（ＳＥＬＡ）を結成した。

ラテンアメリカ経済機構の創設は、アメリカ合衆国の覇権の低下と同時に、ラテンアメリカ諸国の国内経済・社会情勢の変動を反映していた。ラテンアメリカでは、一九三〇年前後から、各国で「国民国家」建設が推進された。その一環として、経済発展の基盤に据えられたのが「国家中心型マトリクス」だった。それまでは、国際的な自由主義経済体制のもと、十九世紀後半に発展した、欧米向けの第一次産品輸出経済を背景に勢力を蓄えた寡頭支配層が政治を握っていた。しかし、排他的な寡頭支配層に対し不満を抱いた中間層や労働者などの下層が生活の向上を要求し、彼らを支持基盤とする政治勢力が「国民国家」形成の過程を進めた。彼らは、自由主義経済のもとで拡大する格差と貧困を前に覚醒し、自らの経済的社会的要求を実現するため、それまで閉ざされていた政治の世界へ飛び込んだ。

国家中心型マトリクスでは、国家が主導した輸入代替工業化によって経済発展が推進された。輸入代替工業化とは、原材料を欧米に輸出し、そこで作られた製品を輸入するそれまでのあり方を改め、自らが持つ原材料を自国で製品化し、それを消費することを目指すものだった。この時期、国家は、経済面に加え、「国民統合」に向けて社会や文化の面でも大きな役割を担った。一九三〇年前後以降、ラテンアメリカの多くの国では民主主義が定着しなかったものの、軍事政権など非民主的な政権でも、国家中心型マトリクスは基本となっていた。

植民地以来の格差社会を背景とする各国の狭隘な国内市場の限界を打破し、工業化をさらに促進するために、ラテンアメリカ地域内の市場統合を進める動きも起きた。アメリカ合衆国の覇権のもとでも、ラテンアメリカ諸国は、その自立への志向を捨て去ることはできず、「北の大国」の利害には回収されない独自の利害意識を有していたのである。しかし、そうした気概にもかかわらず、実際には、各国の農業や工業化のレベルがほぼ同じで、産物や製品が競合したことから、「総論賛成、各論反対」で、市場統合の枠組みはできたものの統合された市場が十分に機能することはなかった。この頃の市場統合の動きには、ラテンアメリカ自由貿易連合（一九六〇年に条約締結）、中米共同市場（六〇年に設立）、カリブ自由貿易連合（六八年に設立）、アンデス共同市場（六九年に締結）があった。[3] 七五年のラテンアメリカ経済機構の設立も、そうした六〇年代からの地域経済統合の流れのなかに位置づけることができる。

2　二十世紀終わりの歴史的転換と地域秩序再編

経済発展モデルの破綻と新自由主義路線の拡大

一九六〇年代から七〇年代にかけてアメリカ合衆国の覇権は動揺したが、それにもまして同時期に大きな変動を経験したのがラテンアメリカ諸国だった。それは、国内の状況、特に経済発展モデルの破綻であった。

一九六〇年代に入ると、それまで進められてきた国家中心型マトリクスの限界が経済面を中心に現れ始め、七〇年代には、世界的な経済危機の影響のなかで鮮明になった。ラテンアメリカ社会は、植民地期以降、格差の大きな社会構造を有していて、下層の割合が多く、中・上層が少ない。そうした構造を反映し、国内市場は偏狭だった。輸入代替工業化は、大きな格差を背景とする偏狭な国内市場を満たしてからは発展が続かなかった。国内の資本不足を補い、かつ中・下層による生活向上の諸要求に応えるため借り入れられた対外債務も、限界に達しつつあった。加えて七〇年代に起きた国際経済危機は、ラテンアメリカ各国の経済にさらなるダメージを与えた。

経済の苦境を反映し、一九七〇年代にラテンアメリカ各国はインフレ体質になっていたが、八〇年代に入るとそのインフレは超高率となった。いくつかの国では、年間のインフレ率が四桁から五桁に達した。そして、八二年にメキシコが対外債務の返済不能に陥り、モラトリアム（利払い一時停止）宣言を発した。それに続いて、ラテンアメリカ各国が同様の宣言をおこない、約半世紀にわたって追求されてきた国家中心型マトリクスを機軸とする発展モデルが破綻したことが明白となった。八〇年代にラテンアメリカ経済は停滞、不況に陥り、同年代は「失われた十年」と称されることになる。

経済的困難に直面したラテンアメリカ諸国は、国家中心型マトリクスを転換して構造改革による経済調整と市場志向の経済運営を進めることを余儀なくされる。歳出と歳入を均衡させるため、下層の生活を支える目的の補助金などを含め、歳出が削られた。国家による経済や市場の統制は緩和あるいは撤廃され、国営企業の民営化、外国資本や民間資本による投資が促進された。それらの政策によって国家の役割と規模は以前と比べると大幅に縮小した。このような市場経済を貫徹させる方向性を追求する経済のあり方は、ネオリベラリズムと一般に呼ばれる。ネオリベラリズム（新自由主義）に基づいた改革路線にしたがって、国家中心型マトリクスから「市場中心型マトリクス」への転換が図られたのだった。そして、ネオリベラリズム改革路線は、アメリカ合衆国が強い影響力を有していた国際通貨基金や世界銀行などの国際金融組織が推進母体となっていた。

ネオリベラリズム改革によって超高率インフレは収まり、一九九〇年代に入る頃には、ラテンアメリカ経済は落ち着きを取り戻した。海外投資が戻り、九〇年代を通じて経済の基調が回復から成長へと向かった。

この頃は、ベルリンの壁とともに旧ソビエト連邦圏が崩壊し、世界レベルでは、アメリカ合衆国による一極支配の状況となっていた。社会主義を標榜するキューバを除くラテンアメリカ各国でネオリベラリズム路線が追求されたことを受け、アメリカ合衆国は、アメリカ大陸全体を自由貿易圏にする構想を提起した。一九九〇年に発表した米州支援構想（ＥＡＩ）がその最初の声明で、手始めとして、九四年に、メキシコ、カナダとの間で北米自由貿易協定を成立させた。同年に開催された第一回米州首脳会議で米州支援構想は米州自由貿易圏（ＦＴＡＡ）構想となり、二〇〇五年の結成を目指して交渉が始まった。

アメリカ合衆国のイニシアチブを前に、ラテンアメリカ諸国は、域内の地域統合を進める動きを再び見せた。アメリカ合衆国の圧倒的なプレゼンスに対し、近隣諸国の間での連携を強め、交渉力を向上させようとしたのだった。[4]一九九一年に、アルゼンチン、ブラジル、パラグアイ、ウルグアイが南米南部共同市場（メルコスル）を結成した一方、活動が滞っていた中米とアンデス諸国での統合に向けた動きが息を吹き返した。

こうして、一九九〇年代には、アメリカ合衆国の主導のもとで、地域全体が自由市場経済の方向にむいていたのである。それは、ラテンアメリカ各国内の支配的な状況と軌を一にしていた。

民主主義的な政治枠組みの維持

一九七〇年代から八〇年代にかけて、ラテンアメリカが歴史的転換を遂げたのは経済面だけではなかった。政治面でも、民主主義的な枠組み、ことに代表制民主主義の枠組みが安定的に維持されてこなかったそれまでの状況が一変した。クーデターや軍による圧力など民主主義的ではない手段によって政治を変えようとする試みが完全に消え去ったわけではなかったが、七〇年代末以降の民主主義体制への移行を経て、ラテンアメリカのほとんどの国で、公正な選挙の実施など立憲的な手続きにしたがった政権交代が繰り返されるようになったのだ。

前述のとおり、一九三〇年前後から、それまで政治過程から排除されていた中・下層の人々による政治参加の拡大過程が観察された。だが、それは、少数の例外を除き、民主主義的な政治の枠組みが安定することにはつながらなかった。利害対立の先鋭化によって政治が分極化して閉塞状況に陥ると、同時に社会が不安定化し、軍が政治に干渉することが繰り返された。五九年のキューバ革命以降、ラテンアメリカ各国の左派勢力が急進化し、その活動を活発化させる傾向が強まった。そうした状況に危機感を抱いたアメリカ合衆国の支援を受け、六〇年代から七〇年代にかけて、多くのラテンアメリカの国で軍事政権が誕生し、左派の伸長を防ぐため長期にわたり政権に居座った。

そうした非民主主義的な政権も、国家中心型マトリクスに基づく政策を推進したため、前述のように一九七〇年代にはその限界に直面した。加えて、ラテンアメリカが、ベトナム戦争でつまずいたアメリカ合衆国に登場したジミー・カーター政権（一九七七―八一年）が提唱した人権外交の実践現場となり、軍政が政権を文民に明け渡す後押しとなった。七八年にドミニカ共和国で軍に支えられた独裁政権が選挙で交代したのを皮切りに民政移管の波が押し寄せ、七九年のエクアドル、八〇年のペルーなど、ラテンアメリカにその波は広がっていった。九〇年にチリが民政移管し、またニカラグアで革命政権が選挙で交代し、メキシコ[5]と社会主義体制キューバを除くラテンアメリカ諸国が、民主主義的な政治の枠組みを標榜するようになった。

民主主義の枠組みが維持されることは、国民の意見が十分に反映された政治がおこなわれていることを自動的には意味しない。民主主義の質は別の課題として存在している。それでもなお、三十年前後にわたり、多くの国で民主主義的な政治の枠組みが維持されているのは、ラテンアメリカでは初めての経験である。その背景には、一九三〇年前後以降に民主政治が定着しないなかで政治が混乱し、ついには長期軍政など民主主義的ではない支配が成立し抑圧的な政治がおこなわれた苦い経験から、左右両派ともに、民主主義的な政治の枠組みを尊重するようになったことがある[6]。

そうした内的な要因に加え、代表制民主主義の維持を支援する地域的な枠組みが整ったことも想起する必要がある。それを担ったのが、冷戦期にアメリカ合衆国の反共の手段となっていた米州機構だった。一九七〇年代に現れた地域レベルでのアメリカ合衆国の覇権の低下と多元化の傾向は、ラテンアメリカ諸国が経済危機に陥った状況でも、完全に消えることはなかった。そうした流れを受けて、米州機構は九〇年代に入ると、民主主義体制の維持機能を担うようになる。

地域レベルでのアメリカ合衆国の覇権の低下は、この頃発生した紛争にもみることができる。その最大のものは中米紛争である。一九七〇年代後半、寡頭支配が根強く残存していた中米で革命勢力の活動が活発化し、七九年にはニカラグアで革命が起きる。「第二のキューバ」誕生を受け、世界レベルでも旧ソ連との対決姿勢を強めたアメリカ合衆国のロナルド・レーガン政権（一九八一―八九年）は、中米情勢を東西冷戦の文脈で捉え、軍事力によって革命勢力の排除を図った。これに対し、メキシコと南米諸国は、交渉による紛争の終結を目指し和平に向けた独自の外交努力を展開した。アメリカ合衆国とラテンアメリカ諸国との間の立場の違いから活動を制約された米州機構は、八〇年代後半には、国連とともに、ラテンアメリカ諸国による独自の和平努力に協力した。

ほかにも、一九八二年のマルビナス（フォークランド）紛争や八三年のグレナダ侵攻でも、米州機構はアメリカ合衆国とは異なった立場を示した。マルビナス紛争では、米州機構はイギリスとアルゼンチンの間で勃発したマルビナス紛争では、米州機構はアメリカ合衆国はアルゼンチンを支持する決議を採択したが、アメリカ合衆国はイギリスを支持した。また、カリブ海地域の小国グレナダに誕生した共産主義政権を打倒するためにアメリカ合衆国が軍事侵攻した際には、米州機構はその軍事作戦を承認する決議を採択しなかった。アメリカ合衆国の一方的な行動に米州機構が承認を与えなかった最初の事例となった。[7]

中米紛争収束、ラテンアメリカ諸国での一九八〇年代の混乱、ならびに冷戦終結にともなうアメリカ合衆国の世界的な覇権状況の出現、それらを受けて「北の大国」とラテンアメリカ諸国との間に亀裂をもたらす地域外の問題が起きなかったこと、これらの情勢のなかで、九〇年代に入ると米州機構は、アメリカ合衆国の主導のもと、民主主義体制の擁護に積極的な立場を明らかにした。[8] 九一年には、代表制民主主義を集団的に守る決議を採択した。クーデターなど民主主義的な政治の枠組みが中断する事態が起きた場合には、米州機構が、民主主義体制を回復させるために経済制裁など様々な措置を検討し、一致してとることになった。これは会議が開催されたチリの首都の名前から、サンティアゴ決議と呼ばれる。サンティアゴ決議の内容は二〇〇一年に拡大され、民主主義体制の断絶だけでなく、その非立憲的な変更が生じた場合にも米州機構が集団的に対抗措置をとることが承認された。民主的な手続きを経て成立した政権でも、その性格を権威主義的な支配に変えた場合には、米州機構が経済制裁や除名などの措置を講じ、民主主義体制の回復を図ることが約されたのである。

米州機構による民主主義体制回復への外交努力は、一九九一年のハイチでのクーデター、九二年のペルーでのアルベルト・フジモリ政権による憲法停止措置、九三年のグアテマラでのホルヘ・セラノ政権による憲法停止措置、九六年のパラグアイでのクーデター未遂、二〇〇〇年のエクアドルでのクーデター、といった事件で展開された。

こうして、一九九〇年代には、経済面だけでなく政治についても、ラテンアメリカの主たる潮流は、代表制民主主義の擁護というアメリカ合衆国の志向する方向にむかって流れていたのである。

3　二十一世紀のまだら模様

ポストネオリベラリズムの位相へ

前節で指摘した、一九九〇年代にみられたラテンアメリカでの地域秩序の一体性、統一性は、二十一世紀に入ると完全に消滅した。それは主に、ラテンアメリカ各国の状況とラテンアメリカ地域をめぐる情勢の変化が相互に作用した結果である。前者はネオリベラリズムからポストネオリベラリズムへの位相の展開、後者は世界資本主義経済の拡大にともなうコモディティー輸出ブームの到来、アメリカ合衆国の国際戦略でのラテンアメリカの地位の低下、そして中国の存在の拡大である。以下、順番により詳しい内容をみていく。

まずポストネオリベラリズム時代の到来は、ネオリベラリズム路線の限界が露呈し、それに対する批判や見直しを求める声が強まったことから始まる。ネオリベラリズム路線は、超高率インフレの克服によってラテンアメリカ各国の社会に安堵をもたらし、経済を回復から成長へと導いた。そうしたことから、ネオリベラリズムは一九九〇年代半ばまでは支持を得ていた。だが、ネオリベラリズム路線は、所得分配については、成長の成果が「自然に滴り落ちる」という「滴瀝説」を主張し、消極的な立場をとった。その結果、この時期のラテンアメリカ各国では、階層間格差が拡大した。二〇〇〇年前後の時期に世界で最も格差が大きい社会を抱えていたのはラテンアメリカだった。

そこで、超高率インフレに特徴づけられた社会の混乱が収束したという成果が当たり前に感じられるようになると、ラテンアメリカの人々は、格差や貧困、低賃金などの経済・社会的な課題に目を向けた。そうしたなかで、ネオリベラリズムへの批判や見直し論が高まり、ネオリベラリズムの継続を主張する右派勢力さえも経済・社会的な課題を無視することができなくなった。一九九八年にベネズエラの大統領にウゴ・チャベスが当選して以降、ネオリベラリズムを批判するあるいは見直そうとする左派勢力が政権につく例がラテンアメリカで増えていった。そうした現象は、ラテンアメリカの左傾化、左転回(9)などと呼ばれる。

ただ、二十一世紀に入って強くなったとはいえ、左派勢力は一枚岩ではなく、大きく二つの潮流があることに注意しなければならない。一つは、ネオリベラリズム路線を徹底的に批判する立場から、その全面的な見直しを主張する急進左派である。国家の役割を縮小させるネオリベラリズムの真逆で、国家に積極的な役割を与えることを重視する。「二十一世紀の社会主義」を提唱したベネズエラのほか、エクアドル、ボリビア、ニカラグアがそうである。もう一つの立場は、財政均衡など経済を安定させるネオリベラリズムのマクロ経済運営は維持しながら、社会政策の積極的な実施を通じて貧困や格差など社会経済的な課題を克服する穏健左派(中道左派)である。ブラジル、チリ、ウルグアイ、パラグアイなどがそれにあたる。急進左派と穏健左派の中間をいくアルゼンチンの例も存在する。

また、このように左傾化の現象が強く現れる状況でも、ネオリベラリズムの影響力が完全になくなったわけではない。ネオリベラリズム路線を部分的に継承する穏健左派に加え、同路線を維持しているメキシコ、コロンビア、ペルーの例もある。また、石油資源が潤沢なベネズエラを除けば、急進左派を唱える勢力が政権にある国でも、実際の経済政策は言説ほど急進的ではない面がある。

つまり、現在の状況は、大きくは急進左派、穏健左派、ネオリベラリズム路線の三つに分けることができる。同時に、各範疇でも政治の実践ではバリエーションが観察されていて、脱ネオリベラリズムの方向性が明確になっているわけでもない。そうしたまだら模様の状況は、ポストネオリベラリズムと呼ぶことができる。この場合のポストとは「最盛期は過ぎた」という意味で、一九九〇年代のような新たな一定の方向性に向く明確な状況は出現していないものの、もはやネオリベラリズムの支配的な状況ではなくなったことを指している。

ポストネオリベラリズム状況は、ラテンアメリカ諸国の外交姿勢にも多元化をもたらした。それは、基本的には、ネオリベラリズムとの距離を反映したものといってよく、アメリカ合衆国に対する姿勢に象徴的に現れている。急進左派の国々は、アメリカ合衆国を強く批判する立場をとる。[10]その対極は、ネオリベラリズムを標榜し続けている国々で、アメリカ合衆国とは良好な関係を維持することを旨とする。両者の間にある穏健左派諸国は、アメリカ合衆国をあからさまに批判することには慎重で、独自の立場を示す場合もあるが、実利面を中心に「北の大国」と協調することも辞さない。つまり、ポストネオリベラリズム期に入って、地域レベルには、大きくは三つの外交的潮流が現れている。

ラテンアメリカをめぐる国際環境の変化

一方、ラテンアメリカをとりまく国際環境にも二十一世紀に入って変化が起きた。それは、ラテンアメリカ諸国による外交の多元化、三つの外交的潮流の出現を可能にする条件となるものだった。[11]

一つ目の国際環境の変化はコモディティー輸出ブームの発生である。二十一世紀に入り、先進国だけでなく中国をはじめとする新興諸国も加わって、世界資本主義経済を拡大した。その影響で、ラテンアメリカ諸国、とりわけメキシコと南米諸国は、原材料となる鉱物・農産物（コモディティー）の供給拠点となった。特に中国との貿易取引が拡大し、歴史的に圧倒的な割合を占めていたアメリカ合衆国の比重が低下し、また、一時期、増加したEUとの関係も、中国との関係が強化される過程で低下した。コモディティー輸出ブームによってラテンアメリカ経済は潤い、各国の積極財政に加え、独自の外交路線を追求する余地を広げた。

二つ目の国際環境の変化はアメリカ合衆国の姿勢に起きた。二〇〇一年のアメリカ同時多発テロを受けて、アメリカ合衆国の関心はラテンアメリカ以外の地域により多く向けられるようになった。結果的に、ラテンアメリカ地域は等閑に付された。アメリカ合衆国の相対的な関心と存在感の低下は、ラテンアメリカ地域の多元化の進行を可能とするもう一つの条件となった。また、アメリカ合衆国の世界戦略の優先順位の変更は、同国が主導していた米州自由貿易圏構想に影響した。すでにみたように、この頃のラテンアメリカ諸国にはネオリベラリズム路線から離脱する国も出ていたことも相まって、同構想は、結成の目標とした〇五年の前に失速した。

さらに、アメリカ合衆国の存在感の低下は、米州機構が新たに目指した民主主義体制の擁護機能を損ねた。二十一世紀に入って発生した非立憲的な政治の変更に対処できなかったのである。最も顕著な例は、急進左派政権下での権威主義化である。最初のベネズエラの例では、一九九八年にチャベス政権が発足してから、三権分立は骨抜きにされ、政権に批判的な野党やマスメディアに対する抑圧が強まった。こうしたベネズエラの権威主義化に対し、米州機構は何ら有効な対抗措置をとることができなかった。二〇〇二年のクーデターとその失敗を経てチャベス政権の権威主義的支配はより強固になるが、米州機構は全くの無策であった。その後のボリビアのエボ・モラレス政権、エクアドルのラファエル・コレア政権での権威主義化でも、〇四年にハイチで選挙で選ばれた政権が反対派の武力暴動で倒壊した事態に対しても、米州機構は何ら実効的な措置を講じることができなかった。地域レベルでの代表制民主主義の正統性が大きく揺らぐ事態となっている。

三つ目の国際環境の変化は中国の存在の拡大である。広くは、ラテンアメリカが世界の経済成長の重要な極となってきているアジア・太平洋地域との結び付きを強めていることの一環だが、二十一世紀の最初の十年は、中国との結び付き、特に貿易面での関係が緊密になったことが特徴的である。これは、前出のコモディティー輸出ブームで中国向けの輸出が拡大するとともに、中国からの製品の輸入も大きく増加したためである。二〇〇〇年のラテンアメリカからの輸出の約六〇%はアメリカ合衆国向けで、第二位のEUへは一二%、中国向け輸出は一%にすぎなかった。その後、アメリカ合衆国は依然、第一位の地位を占め続けているものの、その割合は〇六年に五〇%を下回り、一〇年以降は約四〇%で推移してきている。EUは一二%の水準で一貫しているのに対し、中国向けは年を追うごとに増加し、一三年に一〇%に達し、現在ではEUに継ぐ第三位の輸出先となっている。ラテンアメリカの輸入元もほぼ同様の傾向を示していて、〇〇年に約五〇%だったアメリカ合衆国は一四年には約三〇%となった一方、EUは一二%から一三%の水準で推移してきている。中国は、〇〇年の二%から徐々に増加し、〇八年に一〇%を超え、一〇年にはEUを追い越して第二位の輸入元となった。一四年には、中国からの輸入はラテンアメリカ全体の一六%に達した。[12]

中国とラテンアメリカの間の経済面での関係強化と関連し、中国が、ニカラグアで、太平洋とカリブ海を結ぶ運河の建設を進めていることも重要である。二〇一九年の完成を目指しているニカラグア運河は、アメリカ合衆国の強い影響下にあるパナマ運河と競合するもので、完成すれば地政学的に大きな影響を与える可能性が高い。

重層、交錯する連携網

アメリカ合衆国の覇権低下という基調のなかで、ラテンアメリカ各国は、多角的な連携網を形成してきている。一九七〇年代までの連携網に加え、八〇年以降に形成されたもの、また、地域内だけでなく地域外に広がる連携といったように、全体としては複雑な構図となっている（表1）。それらを大きく分けると、ポストネオリベラリズム期を特徴づける三つの流れのなかに位置づけることができる。八〇年代以降に形成された連携組織であり、今日のラテンアメリカ諸国の主要な関心や傾向を反映しているといえる。

表1　主要な域内協力機関への加盟状況

		米州機構	ラテンアメリカ統合連合	中米共同市場	カリブ共同体	アンデス共同体	ラテンアメリカ経済機構	中米統合機構	南米南部共同市場	米州ボリバル同盟	南米諸国連合	太平洋同盟	ラテンアメリカ・カリブ諸国共同体
北米	メキシコ	■	■		□	□	■	□	□			■	■
	アメリカ合衆国	■						□					
中米	グアテマラ	■		■			■	■					■
	ホンジュラス	■		■			■	■					■
	エルサルバドル	■		■			■	■					■
	ニカラグア	■		■			■	■		■			■
	コスタリカ	■		■			■	■					■
	パナマ	■	■			□	■	■					■
カリブ海地域	キューバ		■				■			■			■
	ハイチ	■			■		■						■
	ドミニカ共和国	■	□		□		■	■					■
	ベリーズ	■			■		■	■					■
	バハマ	■			■		■						■
	ジャマイカ	■			■		■						■
	セントクリストファー・ネーヴィス	■			■					■			■
	アンティグア・バーブーダ	■			■					■			■
	ドミニカ国	■			■					■			■
	セントルシア	■			■					■			■
	セントビセント・グレナーディン	■			■					■			■
	バルバドス	■			■		■						■
	グレナダ	■			■		■			■			■
	トリニダード・トバゴ	■			■		■						■
	ガイアナ	■			■		■				■		■
	スリナム	■			■		■			■	■		■
南米	ベネズエラ	■	■		□		■		■	■	■		■
	コロンビア	■	■		□	■	■	□	▨		■	■	■
	エクアドル	■	■			■	■	□	▨	■	■		■
	ペルー	■	■			■	■	□	▨		■	■	■
	ボリビア	■	■			■	■			■	■		■
	ブラジル	■	■			▨	■	□	■		■		■
	パラグアイ	■	■			▨	■		■		■		■
	チリ	■	■			▨	■	□	▨		■	■	■
	ウルグアイ	■	■			▨	■	□	■		■		■
	アルゼンチン	■	■			▨	■	□	■		■		■

■ 正加盟国　▨ 準加盟国　□ オブザーバー

注：米州機構は2009年にキューバの除名を解除したが、キューバは復帰を拒否している。
（出典：各機関のウェブサイト［アクセス2015年9月30日］を参考に、堀坂浩太郎「経済統合」〔加茂雄三／飯島みどり／遅野井茂雄／狐崎知己／堀坂浩太郎『ラテンアメリカ』（国際情勢ベーシックシリーズ）所収、自由国民社、2005年〕334ページに加筆・修正）

まず急進左派系のものからみると、その盟主であるベネズエラが主導して二〇〇四年に結成した米州ボリバル同盟（ＡＬＢＡ）がある。反ネオリベラリズムを掲げ、急進左派勢力が政権にある国が加盟している。関連組織として翌〇五年には、ベネズエラが石油を安価提供することを約束したカリブ石油機構（PETROCARIBE）も設立された。

穏健左派系列としては、ブラジルを中心とした連携がある。「南米の大国」ブラジルは、「大国」としての独自の外交を以前から思い描いてきたが、政治・経済が中・長期的に安定化せず、構想にとどまっていた。前述のように、一九九〇年代後半から二十一世紀の初めにかけて、ブラジルが独自の外交を展開する内外の条件が整った。ブラジルは、自らを含む南米の主要国とメキシコが進めたラテンアメリカ統合連合（旧ラテンアメリカ自由貿易連合）に進展がみられないことを受け、アルゼンチンとの間で一九八八年に共同市場設立構想に合意した。これに隣国のウルグアイとパラグアイを加え、九一年に南米南部共同市場（MERCOSUR）とした。

また、二〇〇〇年を皮切りに南米首脳会議を重ね、〇八年に南米諸国連合（UNASUR）を結成させた。当時進んでいたアメリカ合衆国主導の米州自由貿易圏構想での交渉力確保を主たる目的として始まったブラジルの南米統合の動きは、ベネズエラ主導の反ネオリベラリズムに同調せず、進展するグローバル経済のなかで確たる地位を築いていくことを志向している。政治的な連携に加え、交通、通信、エネルギーに関連したインフラ整備を進めていることが特徴である。

二つの左派系の動きに対し、自由貿易協定締結国間ならびにアジア・太平洋地域との連携を明確にした太平洋同盟（Alianza del Pacífico）が存在する。二〇一一年にペルーの呼びかけで、チリ、コロンビア、メキシコが結成した。ネオリベラリズム路線との親和性が最も高く、アメリカ合衆国と歩調をそろえることが多い。

一九七〇年代以降に明確となった地域レベルの多元化の方向性を改めて模索する動きも出ている。八〇年代にみられた中米紛争の終結に向けた独自のイニシアチブを起源に、八七年以降、ほぼ毎年のようにラテンアメリカ諸国の首脳レベル会議が開催されてきた。そのなかから二〇一一年に発足したのがラテンアメリカ・カリブ諸国共同体（ＣＥＬＡＣ）である。具体的な組織化の過程はこれからだが、アメリカ合衆国とカナダを除くアメリカ大陸の三十三の全独立国が参加している。

本項で示した三つの流れは、大まかな捉え方であることを改めて認識しておく必要がある。加盟状況をみればわかるように、メンバーシップには主要三潮流の分類をまたいでいる国が多くある。加えて、各国は、二国間やラテンアメリカ以外の地域との自由貿易協定をはじめとする協力互恵関係を構築してきていて、重層化と交錯は一層複雑となっている。そうした状況は、一定の方向性が見いだせない現状のもとで、可能なかぎり多角的な方向で連携を模索しようとする意図の現れである。

おわりに

本章は、現在のラテンアメリカでは、アメリカ合衆国の覇権の弱まりのなかで重層的な多元化が進んでいることを示してきた。そして、ポストネオリベラリズム期の各国の政治・経済・社会状況にしたがい、三つの流れとして大まかに捉えることができることを指摘した。

状況が定まっていないのは、主要な方向性だけでも三つあるということに由来するだけではない。ほかにも、ポストネオリベラリズム期の二十一世紀に始められた連携が、いまだ実体化の過程にあることがある。構想や枠組みの点では一致したものの、意図された目的や機能を果たすために必要な具体的な過程や手続きについて合意形成を重ね、実践していかなければならない。今後のそうした展開が順調に進むことを予兆するような力強い動きは、現在までのところ、十分には観察されていない。「総論賛成、各論反対」の過去の轍を踏まないよう、実体化の道のりを着実に進み始めることができるかが、最初の関門となる。

また、二〇一〇年代の半ばになってから、ポストネオリベラリズム期を作り出していた諸条件の一つが失われたこともある。具体的には、コモディティー輸出ブームの終焉である。中国が牽引してきた〇八年の危機以降の世界経済の拡大は、すでに過去のものとなった。経済成長の減速という新たな局面に世界経済が入り、ラテンアメリカ各国の経済状況も厳しくなってきている。そうしたなかで、ラテンアメリカ各国は、相変わらずの汚職、そして年を追うごとに深刻度が増している一般犯罪の増加といった問題も加わり、政治社会が不安定化してきている。国内の不安定化は、二十一世紀に入ってラテンアメリカ各国が示してきた多元的な地域秩序の構築に向けての勢いをそぐ可能性が出てきているのである。

こうして、ラテンアメリカでの地域秩序の今後の展開は、アメリカ合衆国と中国との間の国際秩序の行方とともに、ラテンアメリカ各国の政治・経済・社会情勢の安定性の度合いに大きく左右されることになると考えられる。

注

（1）十九世紀から二十世紀初頭までのイギリスの影響力については、宇佐見耕一「ラテンアメリカにおけるイギリスの経済覇権――独立から第一次世界大戦まで」（細野昭雄／畑惠子編『ラテンアメリカの国際関係』〔「ラテンアメリカ・シリーズ」第三巻〕所収、新評論、一九九三年）六三―七七ページを参照。

（2）一九四〇年代から七〇年代までの米州機構については、庄司真理子「米州における紛争解決システム――OASの役割の変容」（同書所収）八〇―八八ページを参照。

（3）ラテンアメリカ自由貿易連合（LAFTA）は、南米のアルゼンチン、ボリビア、ブラジル、チリ、コロンビア、エクアドル、パラグアイ、ペルー、ウルグアイ、ベネズエラの十カ国とメキシコが一九六〇年に設立条約を締結し、八一年にラテンアメリカ統合連合（ALADI）と改称した。中米共同市場は、ラテンアメリカ自由貿易連合に含まれない中米のグアテマラ、ホンジュラス、エルサルバドル、ニカラグアが六〇年に設立し、六三年にコスタリカも加わった。小国からなる中米では、五〇年に経済的なつながりを強化する目的で中米機構ができていたが、輸入代替工業化を推進するために中米共同市場が結成された。経済の停滞と中米紛争を経て、地域統合を改めて推進するため、九一年に中米機構を中米統合機構（ＳＩＣＡ）に改編した。カリブ自由貿易連合（ＣＡＲＩＦＴＡ）は、カリブ海地域の英語圏諸国を中心に六八年に設立され、七三年にカリブ共同体（ＣＡＲＩＣＯＭ）に改称された。アンデス共同市場は、ラテンアメリカ自由貿易連合が、域内の「大国」に有利になることを恐れたアンデス諸国のボリビア、チリ、コロンビア、エクアドル、ペルーが六九年に結成した。七六年にはベネズエラが加盟し（二〇〇六年に脱退）、チリが脱退してメンバーの一部が変わり、一九九六年にはアンデス共同体（ＣＡＮ）に改称された。この頃の地域統合についてはは、松本八重子『地域経済統合と重層的ガバナンス――ラテンアメリカ、カリブの事例を中心に』（中央公論事業出版、二〇〇五年）を参照。

（4）浜口伸明「地域統合」、宇佐見耕一／小池洋一／坂口安紀／清水達也／西島章次／浜口伸明『図説ラテンアメリカ経済』所収、日本評論社、二〇〇九年、八九―九〇ページ

（5）メキシコは、二〇〇〇年に、それまで七十一年間にわたって続いた権威主義体制が終焉し、民主主義体制に移行した。

（6）ラテンアメリカでの近年の民主主義の維持の原因については、恒川惠市『比較政治――中南米』（放送大学教材）、放送大学教育振興会、二〇〇八年）三九―四一、一五九―一六六ページを参照。

（7）一九八〇年代の米州機構については、前掲「米州における紛争解決システム」八七―九二ページを参照。

（8）一九九〇年代の米州機構による民主主義体制擁護については、遅野井茂雄「亀裂深める米州システム」（「海外事情」二〇〇四年十二月号、拓殖大学海外事情研究所）五―七ページ、松下日奈子「民主主義を支える地域的国際的枠組――米州機構と域内統合を中心に」（松下洋／乗浩子編『ラテンアメリカ 政治と社会』全面改訂版、〔ラテンアメリカ・シリーズ〕所収、新評論、二〇〇四年、二三一―二五〇ページ）を参照。

（9）ラテンアメリカの左派勢力の台頭については、遅野井茂雄／宇佐見耕一編『二十一世紀ラテンアメリカの左派政権――虚像と実像』（〔アジ研選書〕、日本貿易振興機構アジア経済研究所、二〇〇八年）、遅野井茂雄「台頭する新興パワー中南米の開発課題と国際関係」（「海外事情」二〇〇一一年五月号、拓殖大学海外事情研究所）四―六ページ、村上勇介「ネオリベラリズムと政党政治――ラテンアメリカの政治変動」（村上勇介／仙石学編『ネオリベラリズムの

実践現場——中東欧・ロシアとラテンアメリカ』所収、京都大学学術出版会、二〇一三年）一九九—二三一ページなどを参照。

（10）ただし、ベネズエラが輸出する石油の主な市場はアメリカ合衆国であることはよく知られている。

（11）二十一世紀に入ってからのラテンアメリカをめぐる国際環境の変化については、前掲「台頭する新興パワー中南米の開発課題と国際関係」二—一七ページも参照。

（12）CEPAL-Comisión Económica para América Latina y el Caribe, *América Latina y el Caribe y China: hacia una nueva era de cooperación económica,* CEPAL, 2015, p.37.

第2部　越境のダイナミズム

第5章　「非・国民」——新たな選択肢、あるいはラトヴィアの特殊性について

小森宏美

はじめに

ナショナル・マイノリティと移民

近代的「ネーション」については十九世紀からあまたの議論がなされてきたが、「ナショナル」という観点からマイノリティーについて本格的に論じられるようになったのは、第一次世界大戦後のことである。それは、国家の正統性を保障する際の原則として「民族」というきわめて主観的な枠組みに自決権を与えることをよしとする「民族自決」が、少なくともヨーロッパの文脈では主流となったからである。

このナショナル・マイノリティの扱いは、それ以降、国際的諸機関でときに最重要課題として議論され、各国の制度をある程度拘束してきた。その拘束の方向性は、細かい点を捨象して傾向だけ述べるならば、両大戦間期の国民としての平等を保障しながらも、文化的・歴史的独自性の維持を重視するものから、第二次世界大戦後の人間としての平等により大きな力点をおく立場に変化した。それが再び差異の重視に方向転換する。母語を使用する権利に代表される言語的権利を人権の一部と見なす考え方をはじめとする多文化主義的な発想が強まるのは、地域による違いはあるものの一九八〇年代のことである。ウィル・キムリッカの『多文化時代の市民権』(1)は、自

由主義の立場から、ナショナル・マイノリティに多数派ネーションと同等の権利をできるかぎり認めるべきだと主張する。同時にキムリッカは、ナショナル・マイノリティに分類されないマイノリティ（主として移民）については、文化的差異の権利を認めながらも、集団的権利の行使を否定することでナショナル・マイノリティと移民の間の差異を明確にした。

ここに、ある領域内に居住する人々を国民と外国人に二分するのではなく、権利や国家との歴史的関係に応じていま少し細やかに分類する発想があることを指摘するのはそれほど不適当ではないだろう。キムリッカの議論とほぼ同じ時期、トーマス・ハンマーは「デニズン」概念を提唱した。「デニズン」とは、古い英語で「君主が、国王大権に基づく開封勅許状によって、イギリス臣民としての地位を認めた外国人」を意味するものとして一八四〇年代まで用いられていたものである。しかし、デニズンは、「公務員になること、および国王から土地の権利をもらうこと」を認められていなかった。ハンマーはこの歴史的な言葉を歴史の文脈から切り離し、技術的な意味に限定して使用する。そこでこの言葉が指し示すのは、「合法的な永住者の資格を有する外国籍市民」[2]である。すなわち、その権利は国民と完全には同等ではないものの、国政参加権に代表される政治的権利を除けば、社会的権利および市民的権利では大きな差はないことが重視された。

しかしながら少し考えてみると、ナショナルという観点から距離をおき、国民と外国人という二分法にしばられないこうした国家と国民／長期定住者の関係の取り結び方が可能になったのは、ヨーロッパ各国（主として北欧諸国やドイツ）の移民の大半が、終戦後まもなくからしばらくの間は、文化的距離の比較的近い人々（主として南欧諸国からの移民）だったからかもしれない。無論、旧西ドイツには早くからトルコ移民がいわゆる「ガスト・アルバイター」として流入した。だが、だからこそ西ドイツは自国が「移民国家」であることを長らく認めず、これらのトルコ人移民のドイツ国籍取得が容易には進まなかったのかもしれない（いうまでもなく、トルコが国籍離脱の条件として一九九五年まで兵役義務を課していたことも大きな障害だった）。そのドイツも、一九九九年には国籍法を改正し、移民の国籍取得に生地主義が採用された。

こうした国家と国民／長期定住者の多様で多文化主義的な関係は、冷戦後のヨーロッパ世界の主流となるかにみえた。ところが、「世紀をまたぐ頃から、多文化主義ないし多文化の理念の後退がみられる。オランダをはじめ多くの国で、移民その他のマイノリティに対し、同化をもとめる圧力は強まった」[(3)]。二〇〇一年九月十一日の同時多発テロが重大な契機だったことは疑いないが、それとは別にほぼ同時期に政治的言説のなかで「イスラーム」批判が強まっていたことも事実である。一方、国籍を取得し国民となっても、民族や文化に起因する差別がなくならないことも現実である。とりわけ就職などで社会的差別に直面する経験は、いわゆるビジブル・マイノリティに属する人々にとってはそれほど稀有なことではない。一五年一月の「シャルリー・エブド」襲撃事件やそれに続くヨーロッパ各地のテロ（未遂）事件がこうした傾向を強める方向に作用したことをここで指摘するまでもないだろう。さらに、一五年八月に難民の流入が急増した「移民危機」のために、緊迫した事態に一層拍車がかかっている。

「非・国民」という枠組み

このように、ヨーロッパでは国家と人々の関係がダイナミックに変容している。そこに主流として捉えられる一定の傾向があることは否定しない。だが、そうした傾向の拘束を強く受けながらも、独自の関係が構築されている国がある。それが冷戦後のラトヴィアである。

ラトヴィアには「非・国民」というカテゴリに分類される人々が全人口の一六％ほど存在する。ラトヴィア語では nepilsoņi、英語に訳せば non-citizen になる。ただ、ラトヴィア語の pilsoņi は、国籍を意味する言葉が pilsonība であることからもわかるとおり、国籍保有者の意味合いが強い。そこで本章では非・市民ではなく、あえて非・国民と訳したい。このカテゴリは、先に述べたデニズンとかなり近い性格を有するが、完全に同じではない。たとえば、デニズンは通常、居住国以外の国籍を有しているのに対し、ラトヴィアの非・国民は無国籍者である。また、かなりの程度歴史的背景を共有するエストニアにも同様のカテゴリ（国籍未定者）があるが、そのカテゴリに属する人々とこの非・国民では、権利の範囲が大きく異なる。なぜ、そのような違いが生じたのだろうか。

いましばらくこれら二つの類似カテゴリとの比較で考えてみたい。まず、デニズンは統合的な発想から議論されているのに対し、ラトヴィアの非・国民には排除的な含意もつきまとう。一方、エストニアの「国籍未定者」には国家との紐帯があまり感じられないのに対し、ラトヴィアの非・国民には、国民ではないと否定しておきながら国家との紐帯が感じられるのである。本章では、ラトヴィア独自のこの概念を掘り下げて考えることを通じて、現代ヨーロッパ世界に生じている国家と人々の関係の一様でないあり方の一端を描き出してみたい(4)。

1　境界の流動性と人々の自己認識

ダウガウピルスの領域的変遷

国籍と民族意識の間には、どのような関係があるのだろうか。この二つが必ずしも完全に一致するわけではないことは、世界の国家の大半が多民族国家である事実に鑑みても明らかだろう。とはいえそのことは、国家と人々の関係を論じるうえで民族意識を捨象してよいことを意味しない。本章で着目したいのはまさに個々人が背負う民族性の複雑さと、国家との多様な関係の取り結び方である。それを明らかにすることは非常に大きな課題であり、完全な形で描き出す用意はここではない。本節では、ラトヴィアのなかでもとりわけ多民族的な都市であるダウガウピルスを事例として取り上げることで、多少なりとも国籍と民族意識の関係の複雑さを示してみたい。まずはその前提としてダウガウピルスの特性を論じる。

ダウガウピルスはラトヴィア第二の都市である。といっても、同国では首都のリーガが人口でも経済的発展でもほかの諸都市を大きく引き離している。リーガ市の人口が約七十万人であるのに対し、ダウガウピルス市は約十万人である。

現在のラトヴィアの領域は、十三世紀のドイツ人の入植によってまずはリヴォニア[5]として知られるようになったから、ラトヴィアは歴史的にドイツ文化の強い影響を受けているといわれる。リーガを見るとそうした言説に間違いはないと思われるが、ダウガウピルスを中心とするラトガレ地方[6]はほかの地方とは異なる歴史をたどった。そのため、文化的にも残りの地域とは異なる特徴を有している。

十三世紀から十六世紀にかけてドイツ騎士団の支配下にあったリヴォニアは、スウェーデン、ロシア、ポーランドが角逐する場となり、リヴォニア戦争を経てリトアニア大公国、続いてポーランド・リトアニア「共和国」の短い支配を受けたあと、十七世紀にはその大半がスウェーデンの支配下に入った。しかしその支配も長くは続かず、十八世紀初頭にはロシア帝国に編入されることになる。その間も、基本的には支配者層はドイツ人に独占されていて、その状態は独立戦争を経て一九二〇年に実質的独立を達成するまで続いた。ただし、ラトガレ地方については別に論じなければならない。

リヴォニアの大半がロシア帝国に編入されたとき、ポーランド・リトアニア支配下に残ったのがクルゼメ地方(当時のクールラント公国)とラトガレ地方である。クールラント公国はポーランド王に臣従しているとはいえ、ある程度の自立性は残されていた。一方のラトガレ地方は王の直接の支配下に入った。クールラント公国は一七九五年に、ラトガレ地方は七二年にロシア帝国領となる。ヨーロッパの地図からポーランド・リトアニアを消し去った「ポーランド分割」の結果だった。現在のダウガウピルス市は、ダウガヴァ川を挟んで、クールラント公国領だった領域にもわずかではあるが広がっている。

こうして歴史を簡単にたどるだけで、現在のダウガウピルスに少なくない数のポーランド人やベラルーシ人が住んでいる理由がわかる。十八世紀末まではポーランド・リトアニアの一部だったのである。そして現ベラルーシの西部もポーランド・リトアニア領だったのだからベラルーシ人の存在が小さくないことにもうなずける。だが、これらのポーランド人やベラルーシ人はロシア語系住民としてくくられることもまれではない。それには理

表1 ダウガウピルス市住民の民族構成（%）

	2008	2009	2010	2011	2012	2013
ラトヴィア人	17.5	17.6	17.8	18.0	17.8	17.9
ロシア人	53.2	52.8	52.3	51.8	51.7	51.4
ベラルーシ人	8.0	7.8	7.7	7.6	7.5	7.5
ウクライナ人	2.2	2.1	2.1	2.1	2.1	2.1
ポーランド人	14.7	14.6	14.4	14.4	14.3	14.2
その他	4.4	5.1	5.7	6.1	6.6	6.9

（出典：ダウガウピルス自治体ウェブサイト〔http://daugavpils.lv/lv/society〕［アクセス2015年9月17日］をもとに筆者作成）

由がある。ダウガウピルスの住民は第二次世界大戦中と戦後に激減し、その後再び人口の増加が起こっている。戦後の人口増加の相当部分がソヴィエト連邦の他地域からの人口流入によるものである。ソ連時代、大規模な水力発電施設を有する同市の工業的発展は著しかった。同市への移住者流入が民族政策によるのかあるいは経済政策の結果なのかという点についてはここでは論じない。いずれにせよ、歴史的な領土と国家帰属の変遷がどの程度、現在の人口構成に影響を及ぼしているかは、実は定かではない。次項でみるように、現在のダウガウピルスに居住するベラルーシ人およびポーランド人の割合が、ラトヴィア全体の割合に比してかなり大きいことが事実として指摘できるだけである。

ダウガウピルスの人口状況

ダウガウピルスは自他ともに認める多民族都市である。民族構成は、あとで述べるようにロシア語系住民の流出が続き、国全体ではラトヴィア人の割合が増加傾向にあるなかでも、大きくは変化していない（表1）。

ラトヴィアの八大都市のうち民族的ラトヴィア人が少数派である状態が独立回復後も続いているのは、リーガ市（ラトヴィア人四二・五%）、レーゼクネ市（同四四・二%）とダウガウピルス市である。そのほかの都市は、ヴァルミエラ市（同八一・七%）を除き、民族的ラトヴィア人の割合が五〇%強を超えながらも拮抗している状態にある。そうしたなかでリーガ市およびレーゼクネ市と比較すると、ダウガウピルス市のラトヴィアでの特異性が際立つ。[7] リーガ市とレーゼクネ市では、ラトヴィア人とロシア人の割合が拮抗しているのに対し（それぞれ、四二・五％と四〇・七％、四四・二％と四七％）[8]、ダウガウピルス市ではラトヴィア人の割合はロシア人に比してはるかに小さく、そのかわりにポーランド人やベラルーシ人が小さくない存在となっている。ラトヴィア全体を見ても、多数派と少数派の数のうえでの拮抗状態は、独立回復後も大きくは変化していないが、ダウガウピルスでは多数派のロシア人と複数の少数派民族が共生しているのである。

民族というカテゴリについて一般にいえることであり、必ずしもダウガウピルスの住民に限ったことではなく、また前述したことと矛盾するようだが、民族的帰属はそれほど明確にいつでも線引きできるわけではない。たとえば、両親のうち片方がロシア人で、もう片方がラトヴィア人である場合、その子どもの民族的帰属は何によって決まるのだろうか。また、一度、認識した民族的帰属がそのあと変わらないともかぎらない。国勢調査や社会学的調査では本人の自己申告が採用されることが多い。特にダウガウピルスのように複数民族が混住する地域では、統計に表れない複雑さ[9]があることにも留意する必要がある。

さて、このように歴史的にも民族構成的にも複雑なダウガウピルス市住民の国籍状況はどうなっているだろうか。詳細は省略するが、ラトヴィア国籍者が約七八％、非・国民が約一五・五％を占めている。比較のために数字をあげておけば、全国では、非・国民が約一〇％、首都のリーガ市では同約一九％となっている。[10]

2 「非・国民」とは何か

ロシア語系住民問題の発生

一九九一年八月、ソ連邦からの独立回復に際して問題となったのは、誰をラトヴィア国民とするかということだった。改革運動の中心的存在だった人民戦線は、その時点でラトヴィアに居住していたソ連国民すべてにラトヴィア国籍を付与することも想定していて、またそうした考えを公にしていたが、実際に独立を回復してみると、その約束は守られなかった[11]。

一九九一年十月十五日、ラトヴィア共和国最高会議は「ラトヴィア共和国国民の諸権利の回復と国籍取得の基本原則」について決議した。この決議によって四〇年六月十七日にラトヴィアはソ連に占領されたという立場を正式に表明し、同日以後にラトヴィアにソ連邦のほかの地域から移住してきた者は不法移民とされた。その数は、約七十万人にものぼり、当時人口約二百五十万人だったラトヴィアの住民全体の三割弱を占めた。その大半がロシア語を日常的に使用する人々だったため、これらのソ連時代の移住者はロシア語系住民と呼ばれた。

正確を期していえば、ロシア語話者がみな不法移民扱いされたわけではない。あくまで、一九四〇年六月十七日以降の移住者だけがその対象とされた。すなわち、それ以前からこの地に暮らす人々は、ロシア語を第一言語としていても、ラトヴィア国籍を自動的に付与された[12]。ラトヴィアの政治をエスノ・ポリティクスあるいはアイデンティティ・ポリティクスから分析した研究は少なくない。ラトヴィア社会に鮮明に走る民族間の亀裂をみれば、そうした見方は妥当だといわざるをえない。だが、国籍を基準にした場合、ロシア人のなかにもラトヴィア国籍の保有者と非保有者の両方が存在する。必ずしもロシア人ならば誰でも法的な差別の対象になるというわけではない。誤解を防ぐために付言すれば、ここでラトヴィアの政策を弁護しようとする意図は微塵もない。だが、ロシア語話者のなかに独立回復当初から存在したラトヴィア国民によってロシア語系政党が国会内でかなり強力な野党となったことを看過すべきではない。そのことがラトヴィアの国籍政策に与えた影響は小さくはなかった。

確かに総体としてのロシア語系住民問題（無国籍状態であることとそれに付随して生じる権利上の諸問題）に取り組む必要は依然としてあるものの、独立回復からこれまでに築かれてきた制度のもとで、当初、政策策定者によって意図されていたことと社会的現実の間にずれが生じていることも事実である。そして、そこに現代ヨーロッパにおける国家と人々の関係の一つの姿をみることができる。

「非・国民」の法的地位

一九九一年十月の決議のなかでソ連時代の移住者が自動的にはラトヴィア国籍を付与されないことが明示される一方、ではそうした移住者の地位をどうするのかという問題にはすぐに答えが出されたわけではなかった。九一年十二月にソ連が解体すると、これらの人々は無国籍者となった。この無国籍者を指し示す語として現地の英字新聞[13]では、当時non-citizenが使われた。alienでもforeignerでもない。この時点では、エストニアの無国籍者にもnon-citizenが使用された。のちに導入される無国籍者用パスポートの名称が、エストニアではVälismaalaste pass（Alien Passport）なのに対し、ラトヴィアではNepilsoņi pase（Non-citizen Passport）だという違いがあることに目を向けると、この時点では同じnon-citizenという言葉が使われていても、その意味内容に変化があることがわかる。ラトヴィアでは、九五年に旧ソ連国民に関する法律が採択されるまで、その法的地位はきわめて曖昧なものだった。

一九九五年四月十二日、ラトヴィア国会で「ラトヴィアないしほかのいずれの国の国民でもない旧ソ連国民に関する法」が採択される。本章で議論する非・国民の法的地位は同法によって暫定的なものとしてではあるが確定する。同法は非・国民を次のように定義する。

第一条　本法で規定する者、すなわち「非・国民」は、現在ラトヴィアに居住するか、あるいは一時的に同国を離れている旧ソ連国民ならびにその子孫で、かつ以下の各項を満たす者である。
第一項　一九九二年七月一日時点で、滞在資格を問わずラトヴィアの領域で滞在登録をおこなっていること。あるいは、一九九二年七月一日以前の最後の滞在登録地がラトヴィアであること。もしくは、上記の日以前に、ラトヴィアに十年以上居住していたことが法廷で認められていること。
第二項　ラトヴィア国籍を有していないこと。

第三項　ほかのいずれの国の国民でもなく、国民であったこともないこと(14)

同法で認められた非・国民の権利として特筆すべきは、次の点である。第一に、すでに述べたように非・国民パスポートを発給してもらえる。これによって出入国の権利が保障されているだけでなく、外交上の保護も受けることができる。ちなみに、エストニアの外国人パスポート所持者は外交上の保護を法的には期待できない。第二に、非・国民は理由のいかんを問わず国外に追放されるおそれがない。つまり、居住権が完全に保障されている。この点も、エストニアでの旧ソ連国民の位置づけとは異なる。一方、非・国民には政治的権利は認められていない。エストニアのロシア語系住民をはじめとする定住外国人に認められている地方選挙での投票権もない。また、職業に関しても、公職につけないことに加え、公証人や探偵といった職業につくことも認められていない。さらに、土地の所有についても制限がある。

このように、非・国民は国民と全く同じ権利を享受しているわけではないが、完全な無権利状態にあるわけでもない。無国籍者の地位に関する一九五四年の条約によれば、無国籍者とはいずれの国家によってもその法の運用で国民と認められない者をいう。ＵＮＨＣＲ（国連難民高等弁務官事務所）も同様の定義を採用している。すなわち、ラトヴィアの非・国民は無国籍者にほかならない。他方、ラトヴィア政府にとっては、非・国民と無国籍者は同じではない。そもそも、非・国民というカテゴリの創出は、現国家と両大戦間期の国家の同一性という立場と、ヨーロッパ的な人権の基準を満たす必要の間に立たされたなかでの選択だった(15)。後者について別の言い方をすれば、この非・国民についての法の採択が、ラトヴィアの欧州審議会加盟を左右する重大問題だった(16)。ラトヴィア政府の立場に即していうならば、非・国民はその名のとおりラトヴィア国民ではないものの、これらの人々との間に何らかのつながりがあることは認められているのである。

当初、こうして制度化された非・国民という地位は一時的なものとして想定されていた。ラトヴィアないし他国の国籍を取得するか、あるいは国外に移住すると考えられていたのである。ところが、確かに数は大幅に減少

表2　ラトヴィア住民の国籍別内訳（2005年と11年）

	ラトヴィア国籍	「非・国民」	外国籍	総計
人数（2005）	1,819,222人	452,302	34,619	2,306,434
割合（2005）	78.88%	19.61	1.50	100
人数（2011）	1,849,863人	325,845	53,708	2,229,641
割合（2011）	82.97%	14.61	2.41	100

（出典：*Demogrāfija 2011,* Central Statistical Bureau of Latvia, Riga, 2011 をもとに筆者作成）

表3　ダウガウピルス市住民の国籍別内訳（2006年）

	ラトヴィア国籍	「非・国民」	外国籍	総計
人数	79,149人	26,843	2,806	108,798
割合	72.7%	24.7	2.6	100

（出典：同書をもとに筆者作成）

したものの、依然として一定数の非・国民が存在し、おそらくその存在は短期的には消滅しないことが予想される。それほどラトヴィア国籍は取得が難しいのだろうか。それとも、非・国民の地位はある種の人々にとってはかなり魅力的なのだろうか（保有国籍の推移とダウガウピルス市の状況についてはそれぞれ表2と表3を参照）。

国籍を取得しない理由

当初の予測に反して、一時的な法的地位ではなく、いまや恒常的な地位になりつつある非・国民という現象について考えるために、ここでは三つの調査を利用する。一つは二〇〇三年に帰化局が主体となって実施したもの、二つ目は〇八年に社会統合特別担当大臣のもとで実施された調査、三つ目は一四年に世論調査会社が実施したものである。三つの調査の間で実施主体、実施方法、回答者数などが異なるため、経年比較を詳細におこなうのではなく、あくまで全般的な傾向を示すことを目的とする。

回答内容に、年齢、居住地域、職業、学歴などが影響を及ぼすことが調査では指摘されている。たとえば、ＣＩＳ（独立国家共同体）諸国への移動の便を重視する回答はウクライナ人やベラルーシ人、ポーランド人に多く、居住地域ではラトガレ地方でほかの地域と比較すると多くみられる。(17) また、国籍取得手続きをとることを屈辱と感じる

表４　2003年の調査結果

問い「なぜ国籍取得の機会を利用しないのですか」		
1）	自動的にラトヴィア国籍を取得できる権利があると考えるから	34.2%
2）	国籍取得プロセスの簡易化を希望するから	26.2%
3）	CIS諸国への移動がより容易だから	26.2%
4）	ラトヴィア語の試験に合格できないと思うから	23.5%
5）	必要を感じないから	21.6%
6）	ラトヴィア史の試験に合格できないと思うから	20.5%
7）	手数料を支払う金がないから	20.2%
8）	必要な手続きをするための時間がないから	18.1%
9）	国籍取得プロセスは屈辱だと感じるから	17.9%
10）	国籍取得手続きを始める気になれないから	11.3%
11）	他の国の国民になりたいから/国民だから	3.9%
12）	帰化局の出先機関に行くのが困難だから	2.5%
13）	その他	4.3%

（出典：Ilze Brande Kehre and Ilona Stalidzāne, *Reģionālo aspektu nozīme pilsonības jautājumu risināšanā*, LR Naturalizācijas pārvalde, 2003.）

のは、年齢では四十一歳から五十歳の層に多く、職業では公務員が多い。さらに高学歴者が屈辱を感じる傾向にある。[18]

　質問のニュアンスや回答方法（複数回答か単一回答かなど）に違いはあるものの、ラトヴィア国籍の必要を感じないことを理由として挙げた回答者の多さが目を引く。その裏返しとして、国籍取得プロセスの簡易化や自動的な国籍取得に対する期待は二〇〇八年の時点ではみられない。これは、ＥＵ（欧州連合）加盟に向けての交渉のなかでの国籍問題解決が期待されていたものの、〇四年の加盟実現によってその可能性がついえたことが大きな理由と考えられる。

　二〇一四年の調査結果でも顕著なのは、非・国民がラトヴィア国籍を必要としていない点である。いま一度確認しておけば、非・国民には政治的権利がない。すなわち、国政選挙ばかりか地方選挙でも投票権さえない。したがって、民主主義の観点からいえば、これは大きな問題であることはまちがいないのだが、日常生活では支障を感じない状況なのだろう。いま一つ指摘しておきたいのは、ロシアを含む

表5　2008年の調査結果

問い「なぜラトヴィア国籍取得を考えないのですか」 （回答者は今後12カ月の間にラトヴィア国籍取得をする予定がないと答えた117人の「非・国民」のみ）		
1）	必要がわからないから	44%
2）	ラトヴィア語能力の不足	37%
3）	必要な手続きをするための時間がないから	29%
4）	ラトヴィア史に関する知識不足	24%
5）	国籍取得プロセスは屈辱だと感じるから	21%
6）	選挙権が重要だとは思わないから	21%
7）	手続きに関する情報不足	20%
8）	ラトヴィアへの帰属意識がないから	17%
9）	ロシアおよび他のCIS諸国への移動に手間がかかるから	10%
10）	他の国の国籍を取得したいから	6%
11）	家族の反対	3%
12）	その他	8%

（出典：Secretariat of the Special Assignment Minister for Social Integration, *Kvantitatīvs un kvalitatīvs pētījums par sabiedrības integrācijas un pilsonības aktuālajiem aspektiem*, SIA “AC Konsultācijas”, 2008.）

旧ソ連諸国との関係である。非・国民にとってロシアやベラルーシ、ウクライナに居住する親戚や友人との関係を保つことが重要であり、そのため移動の便を考慮して、ビザ取得を要求されない[19]非・国民の地位を維持していると指摘する先行研究は少なくない[20]。確かにそうした理由を挙げる回答者も依然として存在するが、〇八年の調査で一〇%、一四年の調査で五・三%と、国籍の不必要性を挙げる回答者よりも少ないことが興味深い。

非・国民がラトヴィア国籍を取得しないだけではない。両親ともに外国籍である子どもを非・国民として登録しようとするケースがあった。これは、ある人々にとっては非・国民の法的地位がどれほど魅力的かを示す好例だろう。これを受けて、二〇〇七年には、一方の親が非・国民である場合には、もう一方の親が他国の国籍を有していてもその子どもが非・国民として認められる方向で法改正がおこなわれた[21]。非・国民が世界的に見てもかなり稀有な制度であることがわかる。

表6 2014年の調査結果

ラトヴィア国籍を有していない320人(「非・国民」および他国籍者)中今後12カ月の間にラトヴィア国籍を取得する予定はあるかとの問いに、肯定的に答えたのは11.3%、80.6%は否定。以下の問いの回答者は否定的な回答をした250人。 問い「ラトヴィア国籍取得を考えない主要な理由を教えてください」		
1)	必要を感じない、なくてもやっていけるから	30.5%
2)	年齢	24.9%
3)	国語能力の不足、欠如	11.4%
4)	国籍は自動的に付与されるべきであったから	8.7%
5)	他の国籍を保有している、他の国の国籍取得を考えているから	6.2%
6)	ロシアおよびベラルーシにビザなしでいけるから	5.3%
7)	難しい試験、屈辱的な手続き	4.5%
8)	時間がないから	4.2%
9)	試験に落ちるのが怖いから	3.9%
10)	健康上の問題があるから	3.4%
11)	金銭上の理由	2.9%
12)	ロシアの年金を受給しているから	1.9%
13)	原則の問題	1.8%
14)	他に優先すべきことがあるから、主要な問題ではないから	0.7%
15)	その他	3.7%
16)	回答困難	1.8%

(出典：Tirgus un sabiedriskās domas pētījumu centrs, skds, *Piederības sajūta Latvijai; Mazākumtautību Latvijas iedzīvotāju aptauja,* providus. lv/article-files/2682/original/atskaite-piederiba_08_2014.pdf［アクセス2016年1月25日］)

このように、ラトヴィアの非・国民の存在はきわめて特殊な事例であると同時に、現代世界での「国民」とは何なのか、ということを改めて考えさせる契機となっている。次節でさらに、国籍の意味という観点から考えてみたい。

3 国籍の意味の変化

EUファクター

前節では非・国民がラトヴィア国籍を取得しない理由について、複数の調査結果からある程度の傾向をみた。では、同国籍を取得した理由はどこにあったのだろうか。国籍申請者の推移をみたときに最も顕著なのが、二〇〇四年前後の申請者数の増加だろう（図1）。その最大の理由が〇四年のラトヴィアのEU加盟であることは疑いない。すなわち、ラトヴィア国籍が、非・国民であるよりも価値があるものになったのである。一九九八年から九九年にかけても一つの山があるが、これは、九八年の国籍法改正[22]にともなうものだと考えられる。

ところで、国籍の価値の上昇とは何を意味するのか。社会学的調査の結果を利用して、国籍取得・非取得の原因を分析したアルチョムス・イヴリェフスらの研究によれば、過去五年以内の国籍取得者および調査時点で国籍取得手続きをおこなっている最中である回答者と、ラトヴィアからの移住の希望との間には強い相関関係があるという（調査は二〇〇七年六、七月に実施）[23]。イヴリェフスらも指摘しているように、従来、国籍の取得はその国籍国への統合強化を意味するものだと考えられてきた。しかしながら、ラトヴィアのケースでは、それは少なくとも一部の国籍取得者については完全に当てはまるわけではない。むしろ、ラトヴィア国籍はほかのEU加盟国での就労などの機会を拡大するものとして価値を持っているのである。ここで指摘したいのは、非・国民が必ずしも居住国への愛着を感じていないわけではないのと同様に、国籍取得者が必ずしも国籍国への忠誠心や愛着を

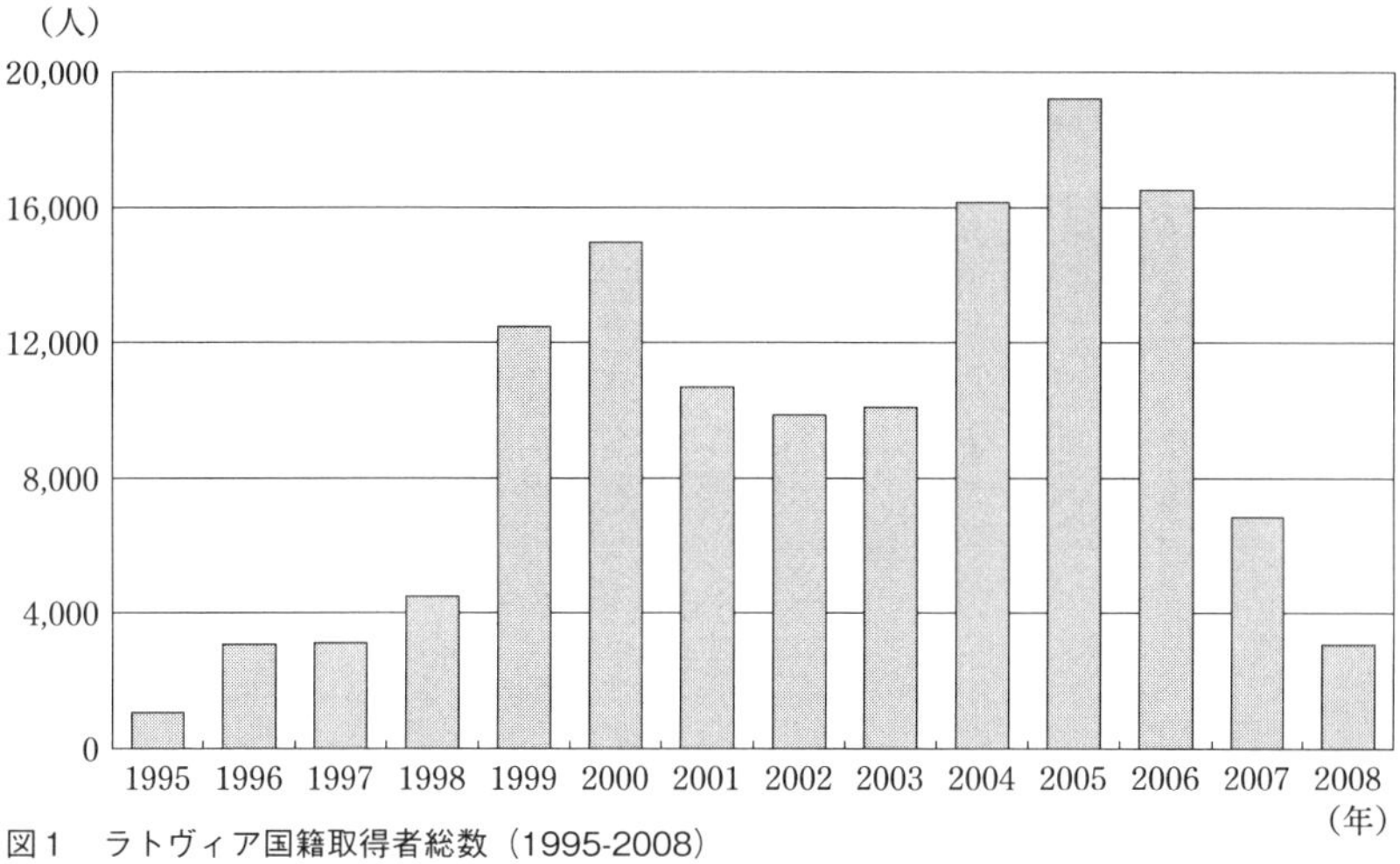

図1　ラトヴィア国籍取得者総数(1995-2008)
(出典:“European Union Democracy Observatory on Citizenship”〔http://www.eudo-citizenship.eu/〕[アクセス2016年1月25日])

抱いているわけではないということである。従来の「常識」からみると、矛盾した現象である。

いうまでもなく、元「非・国民」だけがラトヴィアを短期的にせよ長期的にせよ離れているわけではない。二〇〇八年の金融危機以降、ラトヴィアからの人口流出は急増[24]した。そのなかで民族的ラトヴィア人は約半数を占めている。したがって、国を離れた移民が故郷に愛着を持っていないとは必ずしもいえない。あくまでもそれは個人の選択であり、国家そのものよりも家族や親しい友人との関係といった人間関係、金銭・職業状況、将来の計画など様々な要因によって決定されているはずだから、過度の単純化は避けるべきだろう。イヴリェフスらの研究はあくまでも相関関係を指摘したものであり、直接の因果関係を見いだしているわけではない。

とはいえ、人口の急激な減少は国家にとってゆゆしき事態である。そうしたなかで、国家の側も、国を離れた人々を引き続き国民と見なすことを法制度化によって表明した。それが、二〇一三年五月九日におこなわれた国籍法の改正である(同年十月一日発効)。

二重国籍の普及

この国籍法改正によって二重国籍が認められるようになった。それまでラトヴィアは二重国籍を原則として認めていなかった。ところが、前項でみたような人口流出という事態を受け、EU、EFTA（欧州自由貿易連合）、NATO（北大西洋条約機構）加盟諸国およびラトヴィアと二重国籍に関する協定を締結している国の国籍を取得した者に対し、ラトヴィア国籍の保持を認める法改正をおこなった。改正された国籍法の第一条追加条項では、ラトヴィア国籍について次のように定めている。

（1）ラトヴィア国籍は、各人と国家との恒久的な法的結び付きである。
（2）ラトヴィア国籍の内容は、国民と国家の間の統合的な権利および義務の全体によって構成される。(25)

他国籍取得者の多くが外国在住だろうと推測されるが、そうしたなかで国家との実質的つながりを強調するかのようなこうした条項の追加は何を意味するのだろうか。一方で同法は、共産主義とナチズムの支配下でラトヴィアを離れざるをえなかった者に対し、ラトヴィア国籍の回復と現国籍の維持、すなわち二重国籍を認めている。戦後の国境変更を受けての国籍喪失や変更という事態はラトヴィアにかぎらず、ヨーロッパ各地で、またヨーロッパ以外でも広くみられた。ラトヴィアの場合、東部のアブレネ地方が一九四四年にロシア・ソヴィエト連邦社会主義共和国の管轄下に移譲され、二〇〇七年のラトヴィア・ロシア間の国境協定によってこの状態が確定している。そこでは住民の帰属問題はそれほど重視されなかった。むしろ問題は、第二次世界大戦中・戦後に西側諸国に亡命した人々や、強制移住を含む様々な理由でシベリアなどに居住することになった人々の処遇である。これに対し、ハンガリーやルーマニアの事例では、いわゆる「同胞」が国境を接する外国にまとまって居住しているために、この問題の国内・国際政治上の影響がはるかに大きい。そのハンガリーやルーマニアを含め、近年、複数国籍の導入が普及している。[26] これらの国々とは異なり、大幅な国境変更をともなったわけではないラトヴィアの状況を同列に論じることに関しては問題がないわけではないが、冷戦後の世界での、人々と国家の関係の大きな変化という視点からは共通して論じるべき部分があるといえる。二重国籍という視点からハンガリー、ルーマニア、モルドヴァの問題を扱うなかでコンスタンティン・ヨルダッキは、二重国籍容認の傾向が西ヨーロッパでも東ヨーロッパでもみられるが、西でのそれは国籍政策のリベラル化なのに対し、東でのそれはナショナリズムに規定されていると喝破する。[27]

おわりに

改正されたラトヴィアの国籍法では、新たに「基本構成国民」という概念が導入された。ラトヴィア語では Valstsnācija（Valsts は「国」、nācija は「ネーション」の意）の語が適用されるこの概念に含まれるのは、民族的ラトヴィア人とリーヴ人である。[28] 一方、ラトガレ地方の言葉とされるラトガレ語はラトヴィアの法律のなかで方言に位置づけられていて、それを話す人々も特段の「民族集団」としては認められていない。ましてや、第1節でみたように、歴史的関係が深いとはいえ、ポーランド語話者も先住民とは見なされない。リーヴ人と比べれば定住の時期が遅く、また、すでに述べたように住民の入れ替わりがあったと考えられるラトガレ地方のポーランド人について先住性を主張することはできないかもしれない。とはいえ、そこにはやはりラトヴィアという国家とその国民をどのように定義するのかという問題が横たわっているのである。

本章でみたように、ある国の領域内に居住する人々の法的地位も国家との情緒的な結び付きもきわめて多様になってきている。国民が文化的にも政治的にも均質な国家の実現はそもそも幻想にすぎなかった。そうした幻想を理想としたヨーロッパの国民国家体制は、国家と人々の間のせめぎ合いのなかで変容を被っている。

注

(1) 原著は Will Kymlicka, *Multicultural Citizenship: A Liberal Theory of Minority Rights*, Clarendon Press, 1995. 日本語訳はウィル・キムリッカ『多文化時代の市民権――マイノリティの権利と自由主義』(角田猛之/石山文彦/山崎康仕監訳、晃洋書房、一九九八年)。

(2) トーマス・ハンマー『永住市民(デニズン)と国民国家――定住外国人の政治参加』近藤敦監訳、明石書店、一九九九年、二八―二九ページ

(3) 宮島喬『多文化であることとは――新しい市民社会の条件』(岩波現代全書)、岩波書店、二〇一四年、一八ページ

(4) なお、ラトヴィアの非・国民と日本の在留特別資格にも多くの共通点がある。その一方で、「非・国民パスポート」を発給し、同保持者の帰国と国外での安全の確保が権利として認められているという点など、違いも少なくない。非・国民と在留特別資格については、二〇一五年五月に国際基督教大学で「無国籍者とノン・シティズン――ラトヴィアとの対話」と題する興味深いシンポジウムが開催された。

(5) リヴォニアという地名は、広義には現在のエストニアとラトヴィアの全体をほぼ含む領域、狭義には現在のエストニア南部とラトヴィアを指すものとして使用される。

(6) 行政区分としてではないが、ラトヴィアは、歴史的にゼムガレ、ヴィゼメ、クルゼメ、ラトガレの四地方に分けられる。

(7) エストニアでもロシアとの国境に位置するナルヴァ市では、民族的エストニア人の割合が約四%であり、ダウガウピルス市のみで、「基幹民族」の極端な少数派化がおこっているわけではない。

(8) 本節の数字はすべて *Demogrāfija 2011*, Central Statistical Bureau of Latvia, Riga, 2011 から。

(9) ダウガウピルス住民の民族構成は次のとおり。ロシア人(五〇・九%)、ラトヴィア人(一八・二%)、ポーランド人(一四・一%)、ベラルーシ人(七・四%)、ウクライナ人(二・〇%)、その他(七・四%)(https://www.daugavpils.lv/society[アクセス二〇一六年一月二十五日])。また、ラトヴィア全体で四万千二百二十九人が民族的帰属未選択のまま登録しているなかで、ダウガウピルスでは同未選択者は四千九百十六人である(二〇一六年一月一

日現在。国籍・移民局）。

（10）国籍・移民局統計による（http://www.pmlp.gov.lv/lv/［アクセス二〇一六年一月二十五日］）。

（11）国籍法の制定過程については、河原祐馬「バルト諸国の市民権政策とロシア語系住民問題」（河原祐馬／植村和秀編『外国人参政権問題の国際比較』所収、昭和堂、二〇〇六年）一五〇―一五一ページを参照。

（12）独立回復当初、国民の七八％が民族的ラトヴィア人だったとする指摘がある（Lane,Thomas; Pabriks, Artis; Purs, Aldis; Smith, DavidJ., The Baltic States: Estonia, Latvia and Lithuania, Routledge, 2002, p. 73）。裏返せば、二二％はそれ以外の民族ということになり、その大半がロシア語話者である。

（13）*Baltic Observer* 紙。現在の *The Baltic Time* 紙である。

（14）"Par to bijušās PSRS pilsoņu statusu, kuriem nov Latvijas vai citas valsts pilsonības" (likumi.lv/doc.php?id=77481)［アクセス二〇一六年一月二十五日］（筆者訳）

（15）Kristine Krūma, *Country Report on Citizenship Law: Latvia*, 2015, p.8. (http://cadmus.eui.eu/bitstream/handle/1814/34481/EUDO_CIT_2015_06-Latvia.pdf?sequence=1)［アクセス二〇一五年九月十七日］

（16）ラトヴィアの欧州審議会加盟は、国籍法が未整備のため、エストニアとリトアニアが先に加盟していたにもかかわらず、難航していた。ようやく一九九五年一月三十一日に加盟することになったが、この非・国民に関わる法案の行方が重大な影響を及ぼすことはまちがいなかった。ところが、民族主義的政党のラトヴィア民族保守運動と、親ロシア語系住民政党の「平等の権利」ならびに人民調和党は、それぞれの理由から法案審議に反対し、審議が中断していた。そうしたなかでラトヴィア民族保守運動と「平等の権利」、すなわち最右翼と最左翼を除いて妥協が図られ、同法は採択に至ったという経緯がある。

（17）Ilze Brande Kehre and Ilona Stalidzane, *Reģionālo aspektu nozīme pilsonības jautājumu risināšanā*, LR Naturalizācijas pārvalde, 2003, p.71. ラトガレに多いそのほかの回答としては、経済的理由、国語能力不足が挙げられる。

（18）*Ibid.*, p.72.

（19）時期によってはビザの取得を要求されたこともあったので、一貫して必要がなかったわけではない。

（20）Artjoms Ivļevs and Roswitha M. King, "From Immigrants to (Non-)Citizens: Political Economy of Naturalizations in Latvia," *IZA Journal of Migration*, 1(14), 2012, p.23.

（21）Krūma op. *cit.*, p.21

（22）一九九八年の改正で、それまで年齢を基準として厳しく申請者数を統制してきたいわゆる「ウィンドウ・システム」が廃止された。また無国籍児童の親権者からの届け出による申請も可能になるなど、条件の緩和がおこなわれた。

（23）Ivļevs and King, *op.cit.*, pp.19-20.

（24）二〇一五年初頭の人口は百九十八万六千百人で、前年度から一万五千四百人の減少だった。うち、八千七百人が移民によるものである。なお、地域別では、リーガ市やラトガレ地方での減少が顕著である。また、こうした人口減少は民族構成にも影響を及ぼしている。民族的ラトヴィア人の割合は六〇%を超えた。人口流出は一〇年をピークに、その後やや減少傾向ではあるが、民族的ラトヴィア人に関しては毎年約一万人が流出している（ラトヴィア中央統計局）。

（25）"Pilsonibas likums." (likumi.lv/doc.php?id=57512)［アクセス二〇一六年一月二十五日］

（26）この状況については、Constantin Iordachi ed., *Requiring the Romanian Citizenship*, Bucuresti, 2012, Constantin Iordachi, "Dual Citizenship and Policies toward Kin Minorities in East-Central Europe: A Comparison between Hungary, Romania and the Republic of Moldova," in Zoltán Kántor, Balázs Majtényi, Osamu Ieda, Balázs Vizi and Iván Halász eds., *The Hungarian Status Law: Nation Building and/or Minority Protection*, Slavic Research Center, 2004, pp.239-269 に詳しい。ただし、ルーマニアは一九九一年の時点で戦前のルーマニア国民に対する二重国籍を認めているので、近年の流れとは分けて論じるべき点もある。

（27）Iordachi, *Ibid.* (2004)

（28）リーヴ人はエストニア語やフィンランド語と同じフィン・ウゴル語族に属する言語を話す先住民族集団。二〇一一年の調査では百七十九人（ラトヴィア中央統計局）。

第6章

ロック音楽と市民社会、テレビドラマと民主化
——社会主義時代のチェコスロバキア

福田　宏

はじめに

一九八九年のいわゆる「東欧革命」からすでに三十年近い時が経過した。旧東欧諸国の大部分は、いまやEU（欧州連合）加盟国である。だが、資本主義の導入や西欧への「回帰」がバラ色の未来を約束すると思われた時期はすでに昔となった。九〇年代初頭には、社会主義時代は否定されるだけの存在だったが、時がたつにつれ、一種のノスタルジーをともないながら回顧され始めた。また、八九年以前を知らない若い世代が登場したという点も大きい。最近では、この「近くて遠い」過去に焦点を当てた研究も数多く発表されるようになっている(1)。

本章では、いわゆる「正常化」時代のチェコスロバキアを扱う。一九六八年に頂点に達した「プラハの春」がワルシャワ条約機構軍の介入によってついえたあと、同国では揺り戻しの時代に入った。ここでは、六〇年代末から八九年までの約二十年間に注目し、この国で非民主的体制が比較的長期にわたって存続した理由について考えたいと思う。もちろん、ブレジネフ・ドクトリン、すなわち制限主権論の存在は決して無視できない。当時の旧東欧諸国はおしなべてソビエト連邦の強い影響下におかれていたのであり、チェコスロバキア一国がとりうる選択肢はきわめて限られていた。しかし、だからといって「正常化」時代の社会が完全に静止していたわけでも

ない。本章では、停滞ぎみだった政治過程ではなく、ロック音楽やテレビドラマといった「娯楽」の側面から体制の揺らぎについて考えていくことにしたい。

考察を始めるにあたって最初に指摘しておくべき点は、コミュニケーション技術の進展である。たとえば、二〇一〇年代初頭に世界の注目を集めた「アラブの春」では、「Twitter」や「Facebook」「YouTube」といった新しいツールが駆使され、それまで考えられなかったような民衆の動きが生じるようになったが、一九六〇年代についても、家庭用テレビの普及や衛星中継放送の実現、七〇年代に入ってからはカセットなどの録音機材の普及といった大きな変化が生じている。この時期、西側・東側問わず、大学生が急激に増加し、既存の体制に反発を示すようになったが（特に一九六八年）、その背景にはこうした技術革新があった。当時の学生が、テレビを通じて世界中の学生とつながっていると感じたのは、その象徴的な例といえる。[2]

だが、新しいコミュニケーション技術は民主化にだけ活用されるわけではない。「プラハの春」が失敗したあと、チェコスロバキア政府は社会を「正常化」するにあたってメディアを大いに利用した。本章が注目するのはその点である。公の場では、社会主義的スローガンやシンボルが盛んに提示され続けていたが、一九七〇年代以降、その動員力は実質的に低下し、イデオロギーは空疎化した。政府にとって重要だったのは、むしろ、民衆を「楽しませる」コンテンツの提供だった。

旧東欧諸国の抑圧的な体制は過去のものとなった。だが、当時の政府が新しい文化とメディアの危険性を自覚し、それを体制の安定化に活用すべく格闘していた姿は興味深い。二十一世紀の現在でも、非民主的な国家が依然として多数存在していることを考えれば、この点はきわめて重要である。二十世紀末にインターネットが爆発的に普及し始め、現在でも続々と新しいツールが誕生しているが、それが民主化の新たな波を生み出していないのはなぜだろうか。本章は、非民主的体制の「しぶとさ」[3]を考えるための一つの試論でもある。

1 「正常化」時代の市民社会と娯楽

仮説1：市民社会が民主化をもたらしたのか

「正常化」時代の二十年を実際に観察するにあたっては、以下の三つの仮説を掲げる。第一に、市民社会が旧東欧諸国の体制転換にあたって大きな役割を果たしたという仮説である。たとえばスティーブン・コトキンは、ポーランドとハンガリーについては留保しながらも、旧東欧諸国には市民社会は存在せず、単に政権が自壊することによって体制が転換したのではないかと主張している。[4] ほかの多くの研究が主として抵抗する側にフォーカスを当ててきたのに対し、体制側の実態について検討したという点でコトキンの研究には一定の意義があると思われるが、挑発的な言辞ということもあって「異論派」を分析対象とする研究者からは激しい批判を浴びている。[5]

それでは、チェコスロバキアについてはどうだろうか。同国はポーランドやハンガリーに比して「異論派」と呼ばれる市民の数が少なかったといわれている。一説によれば、一九八九年当初、彼らの数は全国で二、三千人、主要メンバーとしては二、三百人、指導的な立場にあるのは十人足らず、という状況[6]だった。のちに大統領となるバーツラフ・ハベルについても、おおかたの国民は知らなかったという。体制転換時の状況の変化を膨大な量のビラやパンフレットから分析したジェームス・クラフルによれば、八九年十二月の時点で直接選挙による大統領選挙をおこなった場合、ハベルが当選する確率は低いとみられていた。[7] 共産党は、「プラハの春」の英雄的存在だったアレクサンデル・ドゥプチェクか、最悪の場合でも自党のほかの人間に勝機があると判断し、最も民主的という理由で直接選挙による大統領選出を提案した。だが、「異論派」によって結成された市民フォーラムは、あくまでハベルを推そうと考えていて、共産党とひそかに交渉のうえ、議会でハベルを大統領に選出するかわりにドゥプチェクを連邦議会議長にすることで合意した。

一九八九年十一月二十四日、ドゥプチェクはハベルとともに推定五十万人の大群衆の前に立ち、喝采を浴びた。ハベルなどの回想によれば、ドゥプチェクは社会主義改革の可能性について演説をおこない、自らが時代遅れの存在であることを露呈してしまったという。しかしながら、少なくとも大規模なデモが始まった十一月十七日からハベルが大統領に選出される十二月二十九日までの期間、市民フォーラムのポスターや集められた民衆の声から判断するかぎり、社会主義に対する支持は依然として高かったともいわれている。[8] 以上の事例は、体制転換での市民社会の役割に関して注意を促す象徴的なケースだろう。

仮説2：ロックが革命をもたらしたのか

第二は、ロックが体制転換をもたらしたという仮説である。一九五〇年代後半にロックが誕生した当初、この音楽は破壊的な力を持つと考えられていた。たとえば、五八年発行のNATO機関誌では、ジャズやロックといった現代のダンス音楽を社会主義に対する戦いに利用しうるという主張が掲載された。[9] それによれば、ソ連圏の若者が西側のロックやポップスに傾倒すれば、彼らのイデオロギー上の信念が侵食される可能性があった。また、これと同じ五八年、エルヴィス・プレスリーがアメリカ軍に入隊し、西ドイツのアメリカ軍施設に送られているが、東ドイツの音楽評論家は、ロックを冷戦の武器として悪用したと非難している。

一九八九年の体制転換に関しては、憲章七十七（Charta 77）とロック音楽の結び付きが特によく知られている。憲章七十七が起草される直接のきっかけとなったのは、七六年三月、サイケデリック系のロックバンド、プラスチック・ピープル・オブ・ジ・ユニバース（Plastic People of the Universe、以下、PPUと略記）とDG307のメンバーなど計十九人が逮捕されたことであった。[10] 同年九月までの期間におこなわれた裁判では、PPUのメンバー的存在だったイバン・イロウスを含む四人が有罪判決を受けている。ハベルをはじめとする「異論派」は、この事件をきっかけとしてお互いに連絡を取り合うようになり、ロック音楽の領域を超えた普遍的な宣言に向けて動きだした。その際、七五年のCSCE（全欧安全保障協力会議）で採択されたヘルシンキ宣言も憲章に盛り込まれた。ソ連を含む東側諸国も合意したこの宣言には、人権と自由に関する原則が含まれていて、「異論派」の主張を内外にアピールするうえで重要な武器と考えられたのである。

一九七七年一月、憲章七十七は二百四十二人の署名が付された形で公表された。だが、憲章七十七に関わった人々は決して一枚岩の存在ではなかった。そもそも「異論派」という名称自体、西側メディアが憲章七十七を取り上げる際に使うようになった用語であり、当事者たちにとってはなじみがない言葉であった。また、ロックミュージシャンと知識人との間にも溝が存在した。ハベルもまた、イロウスに会う以前は、反社会的な服装と長髪、品のない言動、アルコールと薬物への依存、子どもじみた反抗といったイメージでミュージシャンを見ていたと告白[11]している。これに対し、ミュージシャンの側にも、反体制的な知識人は自己満足のために抵抗してみせているだけであり、当局と同類の「エスタブリッシュメント」にすぎないという見方があった。

体制転換後に大統領に就任したハベルは、PPUやベルベット・アンダーグラウンドなど内外の著名ミュージシャンを官邸に招き、「ビロード革命」とロックの結び付きを印象づけている。また、ハベルと親交のあったトム・ストッパードによる戯曲『ロックンロール[12]』も、結果として、この神話を強化する役割を果たしている。だが、ロックと体制転換の結び付きについては、より慎重に検討していく必要があるだろう。

仮説3：ラジオが鉄のカーテンを打ち破ったのか

第三は、西側メディアが体制転換に大きな影響を与えたという仮説である。端的な例としては、ボイス・オブ・アメリカ（VOA）、ラジオ・フリー・ヨーロッパ（RFE）、あるいはBBC（イギリス放送協会）といった西側のラジオが鉄のカーテンを打ち破ったという見方が挙げられるだろう。[13]この仮説は、キューバ向け放送のマルティや中東向けのアルジャジーラについても有効とされることが多い。

旧東欧諸国の例としては、一九八九年五月の東ドイツの地方選挙で西ドイツのテレビが選挙不正を暴く番組を積極的に放送し、それが東ドイツ市民の行動に大きな影響を与えたという事例が挙げられる。[14]とすると、西ドイツのテレビ電波が届かなかったドレスデン周辺（「無知の谷間」と呼ばれていた）や北東地域では、そのほかの地域とは異なる政治行動がみられたのだろうか。この分野ではおそらく初の本格的な計量的分析をおこなったホルガー・ケルンは、有意な結果は得られなかったとしている。[15] ケルンは、八九年九月四日に開始されたライプツィヒのいわゆる月曜デモに関し、西ドイツのテレビが視聴できた地域とできなかった地域を区分したうえで、月曜デモの参加者数との関係を調査したが、明確な相関性は示されなかった。一方で、西側のテレビが見られない地域で、出国申請の割合がほかの地域よりも突出して高かったというデータ[16]も存在する。ケルンとイェンス・ハインミュラーは、東ドイツの人々がプライムタイムに西側の娯楽番組を視聴して一定の満足感を獲得し、結果として社会主義体制の安定化に寄与した可能性を指摘している。

一般に、旧東欧諸国の体制転換は劇的であり、成功裏に終わった「革命」と捉えられている。だが、ここまでみてきたように、これらの事例でも、ロック音楽やメディアと民主化との関係は単純ではない。以下、具体的にみていくことにしよう。

2　前提としての一九六〇年代、転換点としての六八年

新しい時代の到来

一九六〇年代を特徴づけたのはテレビとロックと若者である。[17] まずテレビに関してだが、七〇年の段階で、西ヨーロッパでは平均四人に一人の割合でテレビを所有していたのに対し、東ドイツでは三世帯中二世帯がテレビを持ち、チェコスロバキア、ハンガリー、エストニアがそれに迫っていたという。[18] 歴史家のトニー・ジャットは、当時のテレビを「社会転覆のメディアだった」と評している。ただし六〇年代には、西ヨーロッパでも国営テレビが主流であり、番組の政治的・道徳的内容が厳しく規制されていた。民間放送が認可されるようになったのは、

イギリスを除けば、七〇年代に入ってからである。ほとんどの国では、チャンネルは一つか二つであり、放送は午後と夕方のわずか二、三時間にすぎなかった。その意味では、テレビが当時の社会にもたらしたインパクトの大きさは、鉄のカーテンの両側でそれほど変わらなかった。後述するように、六八年のチェコスロバキアでテレビが果たした役割の大きさは、その点を示唆している。

写真１　オリンピック（バンド）の演奏（プラハ・1967年）
（出典:Miroslav Vaněk, *Byl to jenom rock'n'roll? : hudební alternativa v komunistickém Československu 1956-1989,* Praha: Academia, 2010, p. 226.）

東側諸国へのロックの浸透を象徴したのはビートルズだった。ビートルズがレコードデビューしたのは一九六二年だったが、翌六三年にはプラハで「オリンピック」という名のビートルズ・バンドが誕生していた[19]。このバンドは、六六年にはイギリスのアニマルズとともにポーランドツアーを敢行したほか、フランスのテレビにも二回出演している。六四年春にはプラハでビートルズ熱と呼ばれる現象が発生し、当時の西側世界と同様、ロックコンサートが破壊行為へと至る事態が頻発したという。

ロックの流行は、メディアの存在を抜きにしては考えられなかった。一九六八年、アメリカのグラフ雑誌「ライフ」は、ロック音楽を「瞬間コミュニケーション時代に初めて生まれた音楽[20]」と称している。この新しい音楽は、テレビよりはむしろラジオを通して浸透していった。ミュンヘンに本部をおき、東側諸国向けの番組を放送していたラジオ・フリー・ヨーロッパ（ＲＦＥ）は、ロック番組の開発に特に熱心だった。六六年、ＲＦＥが東欧諸国のリスナーのリクエストを分析し、イギリスやアメリカのティーンエイジャーと驚くほど好みが一致していると結論づけた。[21]東欧諸国の若者もまた、西側と同じように、ビートルズ、アニマルズ、キンクス、ローリング・ストーンズ、ビーチ・ボーイズ、ザ・スプリームス、といったバンドをよく知っていて、その曲を聞きたがったという。東側諸国のラジオ局も、これに対抗する形で若者向け番組を放送するようになった。

一九六〇年代半ばまでに、戦後のベビーブームがもたらす社会的影響が様々な場所でみられるようになっていた。つまり、「六八年世代」の台頭である。[22]マーケティングの専門家は彼ら「ティーンズ」とも呼ばれる集団を独自の消費者集団として認識し始めていた。また、高学歴化が著しく進んだことも、この時期の特徴である。チェコスロバキアのチェコ地域についてみれば、七〇年時点での十五歳から二十四歳の全人口に占める割合は一七・四%であり、中等教育修了者の数は五〇年の三十四万五千人から七〇年の百四万四千人へ、大学修了者の数は五〇年の六万五千人から七〇年の二十六万三千人へと急増していた。[23]

「プラハの春」とメディア

ここで「プラハの春」でのメディアの役割を指摘しておきたい。アントニーン・ノボトニーに代わってドゥプチェクがチェコスロバキア共産党第一書記に就任したのは、一九六八年一月五日である。変化を後押しする役目を果たしたのは、六三年からチェコスロバキア・テレビ会長の職にあった改革派のイジー・ペリカーンだった。[24]その象徴的な例が、ドイツ文学者のエドゥアルト・ゴルトシュトゥッケルが六八年一月にテレビ画面に登場したことだろう。ユダヤ系知識人であり、五〇年代前半に投獄された経験を持つ彼は、六三年、それまでタブー視されていたフランツ・カフカについての国際会議を主宰し、それによって名前を知られるようになっていた。その彼が作家同盟の会長に就任し、画面上でタブーを打ち破るかのような発言を始めたのである。さらには、警察の責任者がテレビに登場したことも大きな意味を持った。六七年十月三十一日、学生寮での暖房と照明の不足に不満を持った約千五百人の学生が抗議行動を起こした際、警官隊が催涙弾を用いてこれを鎮圧し、五十人ほどが負傷するという事件があった。画面に登場した警察側の人間は、明らかに困惑した様子を見せながらも、この事件で暴力を用いたことを謝罪したのである。

一九六八年初頭には、ほとんどの視聴者はまだ何が起こるか半信半疑だった。だが、ゴルトシュトゥッケルが身柄を拘束されることもなく発言を続け、当局の人間がデモ隊の弾圧について反省の言葉を口にするという点は、変化の明瞭なサインとなった。ラジオやテレビの視聴率は急速に伸び、人々は自分の意見を積極的に表明するようになった。居酒屋では、サッカーやホッケーではなく政治が熱心に語られるようになったという。その点では、テレビをはじめとする各メディアは「プラハの春」を加速させるうえできわめて大きな役割を果たしたといえる。

だが、改革派知識人たちの主張が急進化していくにつれ、ソ連や近隣の「友好諸国」では懸念が深まっていく。特に、一九六八年六月末に発表された「二千語宣言」は、共産党の一党支配体制に事実上のノーを突き付けるものだった。[25] ワルシャワ条約機構軍の第一陣がプラハ市街に現れたのは八月二十一日の早朝であり、その後、約五十万の軍隊が国土全体に展開することになる。

3　グレーゾーンとしてのロック

政府によるロックの「飼いならし」

「友好諸国」によるチェコスロバキアの占領後、すぐにロックが弾圧されたわけではない。[26] 一九六八年十二月二十二日から二十三日には、二十の国内グループ、三つの国外グループが参加して二回目となるロックフェスティバルがプラハで開催されている。翌六九年六月十七日、ビーチ・ボーイズがプラハのルツェルナ・ホールで公演をおこない、ドゥプチェクに「ブレイク・アウェイ」を捧げると宣言して聴衆の喝采を浴びてもいる。[27] この日の聴衆は四千人だったが、会場に入りきれなかった数千人のファンが建物をとりまいていたという。

一九七〇年一月に入ると、当局はロッククラブを閉鎖し始めた。バンドに対しては、英語の名称を禁止するだけでなく、イギリスやアメリカの歌を歌ったり、長髪や奇抜な格好をしたりすることもやめさせた。七二年、当局はロックを体制側に取り込むため、厳格な資格制を導入した。[28]ミュージシャンとして活動するためには、音楽理論や実技だけでなく、マルクス・レーニン主義の試験もパスする必要があった。七四年、試験を受けた六千四百七十五人のうち、三千四百五十人しかライセンスを得られなかった。そのうち、千二百三十二人がフリーの芸術家、七百九十三人が芸術団体の被雇用者、千四百二十五人がそのほかの組織の所属として登録されている。ライセンスを得られなかった者、あるいは、そもそも試験を受けなかった者は、演奏活動をやめるか、アンダーグラウンドに潜るか、亡命するか、のいずれかを選択した。

具体的な例として、アンダーグラウンドでの活動を選んだPPUについてみてみよう。占領直後の一九六八年九月にフランク・ザッパやバンドのベルベット・アンダーグラウンド、ファグスなどに触発されて結成されたPPUは、七〇年五月にプロとしてのライセンスを剝奪される。同年九月、英語を教えるために六七年からチェコに滞在していたカナダ人のポール・ウィルソンがボーカルとギターとして加わっている。[29]ウィルソンは歌詞の英訳や西側のトレンド紹介といった面でも活躍していたが、PPUが独自性を志向し、チェコ語での歌詞を優先するようになったこともあり、七二年にバンドから離れている（七六年七月に国外追放）。当時は、西側のコピーから始まった各地のバンドが独自路線を追求し始めた時期でもあった。

一九七四年三月、俗に「ブヂェヨビツェの虐殺」と呼ばれる大規模な介入事件が発生している。[30]当時は都市部でロックコンサートをおこなうことは困難となっていて、PPUのようなバンドは農村部でゲリラ的にコンサートを開催したり、結婚式などのイベントに付随する形で演奏をおこなったりしていた。チェスケー・ブヂェヨビツェ近郊のルドルフォフでおこなわれたコンサートの際には、聴衆約六百人に対して警察が介入し、数百人が負傷したほか、長髪の者が髪を切られ、「不適切な」格好をしている者は「衛生処置」を施されたという。

翌一九七五年二月には、PPUのマネージャー兼メンターだったイロウスがアンダーグラウンドとしてのマニフェスト「三度目のチェコ音楽復活に関するレポート」（以下、「レポート」と略記）をサミズダートの形で発表している。[31] 六〇年代にカレル大学哲学部で文学を専攻したイロウスは、ロック音楽に傾倒したほか、生涯にわたって詩人として活動し、晩年の二〇〇六年、ノーベル文学賞受賞者ヤロスラフ・サイフェルトの名を冠した賞を受賞している。「正常化」時代には一貫して政府に批判的な立場をとったため、夜警や庭師といった職を転々とし、再三にわたって投獄された。

イロウスは一九七五年の「レポート」で、PPUはアンダーグラウンドであることを目指すと述べている。[32] 彼にとってアンダーグラウンドとは、エスタブリッシュメント、すなわち体制に対する闘争を宣言することであった。それは、エスタブリッシュメントを破壊しようとする知識人やアーティストの精神的態度を意味していた。ほかのバンドが公的な場での演奏を継続するためにエスタブリッシュメントの要求に屈して名称を変え、髪を切り、当局が気に入るような演奏をすることは、彼には許せなかった。[33] だが、体制の何を破壊するかについては明確にされていない。彼は、消費社会での人間性の抹殺と堕落に対する批判を再三にわたって展開しているが、社会主義体制そのものについては明示的に語っていないのである。

イロウスは、ロック界ではどちらかといえば特異な存在だった。仲間内から「変人（Magor）」というあだ名で呼ばれていた彼は、尊敬される一方で煙たがられる存在でもあった。彼がいう「弱い」メンバー、すなわちアンダーグラウンドであることに耐えられないメンバーはバンドから出ていった。イロウスは「無教養な」仲間を熱心に啓蒙しようとしていたが、彼の講義を聞かされていたメンバーの一人は、「終わってビールを飲みにいくことをただひたすら待っていた[34]」と回想している。第1節で述べたように、憲章七十七が作成された直接のきっかけは、一九七六年のロックミュージシャンの大量逮捕だったが、「異論派」の知識人とロックバンドとの間に最初から密接なつながりがあったわけではないし、「異論派」それ自体もまとまったグループではなかった。ただ、イロウスが知識人とロック界を架橋する人物だったことが、PPUと憲章七十七、最終的にはロック音楽と体制転換を結び付けてイメージさせる役割を果たしたといえる。

体制と「異論派」の間

体制側のロックに対する態度にははっきりしない面があった。象徴的な例は、チェコスロバキア音楽家同盟ジャズセクション(Jazzová sekce Svazu hudebníků ČSR、以下、ジャズセクションと略記)だろう。[35] これは音楽家同盟の下部組織として一九七一年に設立された、主としてアマチュアミュージシャンを対象とする組織だった。七〇年代前後には、「正常化」のために音楽だけでなく様々な文化組織が再編されたが、この団体はいわばグレーゾーンに位置するものとして設定されている。ジャズそのものは、六〇年代の段階ですでに危険性がない音楽として当局に認識されていて、政権に対する不満を若干なりとも吸収するためには格好の素材と考えられたのだろう。だが、このジャズセクションは当局の思惑を超えて活動を展開した。たとえば、「ジャズの日」と名づけられた音楽祭を七四年から八二年にかけて計十一回開催し、ジャズだけでなくロックも含めたコンサートを多数企画したことや、ブラックリストに載っている作家の作品を会員向け配布物として発行[36]したことが挙げられるだろう。会員向け配布物は、当局の検閲を回避するための一種の抜け穴として機能したのである。このセクションは最盛期で八千人の会員数を誇るまでに成長したが、七〇年代後半から当局の圧力がかかるようになり、最終的には八四年に廃止に追い込まれた。

一九八三年三月、共産党中央委員会が発行する週刊誌「観客席(Tribuna)」に「代わり映えしない内容のニューウェーブ(Nová vlna se starým obsahem)」と題する記事が掲載され、パンクロックやニューウェーブといったロックの新潮流に対する激しい批判がおこなわれている。[37] 記事の内容自体は、それまでのロック批判と大きく変わることはなかったが、記事に対する批判の手紙が編集部に殺到したという点は以前にはなかったことだった。なかには、青年社会主義同盟(Socialistický svaz mládeže〔SSM〕)の地方支部名で抗議の意を表明するケースもみられた。これらの批判は公にされることはなかったが、対応方法について数カ月にわたって当局内部で議論された。その後、明示的ではないものの、ロックに対する規制は徐々に緩められていく。青年社会主義同盟が主催するコンサートが増加し、八六年には一回目となる「ロックフェスト」が実現している。こうした変化の背景には、ミハイル・ゴルバチョフの登場もあっただろう。翌八七年二月、彼がオノ・ヨーコをクレムリンに招き、「ジョンもここに来るべきだった」と語ったのは多くの若者にとって朗報だったにちがいない。[38] 八〇年のジョン・レノンの死以来、プラハには「レノンの壁」と呼ばれる一画が生まれ、命日の十二月八日には若者が集まる「聖地」となっていたが、八〇年代後半には、レノンの死を記念する集会に数千人が集まるようになり、不穏な空気が生まれていたという。[39]

以上みてきたように、当局のロックに対する姿勢には首尾一貫しない面があった。やみくもに取り締まりを強化しようとしたこともあれば、寛容な姿勢をみせようとしたこともあった。一九八〇年代後半にみられた規制の緩みは、体制が若者の取り込みを狙った結果なのか、それとも体制のほころびを示していたのかは定かでない。また、ロックそのものが一定の市民権を得つつあったという点も挙げられるだろう。七〇年代後半以降、ロックが多様化し、パンクロックのようにより過激なスタイルを志向する潮流が生まれていたが、それを受容する層も細分化され、社会全体に対するインパクトは減少し始めていた。抵抗の手段としてのロックは依然として有効だったが、それが体制転換にどの程度貢献したかについては慎重な判断が必要である。

写真2　レノンの壁（プラハ・1981年）
（出典: Vaněk, *Byl to jenom rock'n'roll?*, p. 455.）

4　テレビドラマと体制の安定化

モデルとしての東ドイツ

ケルンとハインミュラーによれば、一九八〇年代後半の東ドイツで、衛星放送アンテナの設置許可を求める声が高まったという[40]。特に、ドレスデン周辺のように西ドイツからのテレビの地上波が届かない地域でこの要求は顕著だった。当初、個人による衛星アンテナの設置は非合法とされていたが、各地方からは、アンテナの強制的な除去が治安の不安定化につながるという報告が寄せられるようになった。東ドイツ政府は、西ドイツ側テレビの視聴が東ドイツ社会の安定化につながるという認識を最終的に示すようになり、八八年八月、個人によるアンテナの設置を事実上認める決定を下している。ただし、東ドイツ市民が熱心に視聴していたのは、西ドイツの報道ではなく、二十時台に放映されていたテレビドラマなどの娯楽番組だった。また、ケルンとハインミュラーは、比較的信頼性が高いと思われる東ドイツの意識調査データを利用し、六六年から九〇年の青年向けアンケート結果と西ドイツ側テレビの視聴実態との相関関係についても分析をおこなっているが、こうした計量分析の面からも以上の点を補強する結果が導き出されている。

もちろん、「正常化」初期の段階では、チェコスロバキアの指導部は自国民に西側の娯楽番組を積極的に見せようとまでは考えていなかったにちがいない。だが、一九六〇年代に急速に普及し、「プラハの春」で大きな役割を果たしたテレビの威力については十分に認識していた。七〇年六月、チェコスロバキア共産党中央委員会でグスターウ・フサークはメディアの重要性について発言している。

一九六八年から六九年の経験は、我々にとって厳しい教訓となった。マス・コミュニケーションの装置は単なるプロパガンダの道具とみるべきものではない。政治権力のきわめて重要な道具なのだ。[41]

この時期、チェコスロバキア政府はソ連から東ドイツの事例を参考にするようアドバイスを受けている。[42] 東ドイツは、すぐ隣に同じ言語圏の資本主義国家を抱えていただけに、チェコスロバキアと同等、あるいはそれ以上にテレビに対して警戒心を持っていた。一九七〇年代初頭に同国でおこなわれた調査によれば、テレビ所有者の六〇％が西ドイツのテレビ番組だけを視聴していて、二〇％が西ドイツと東ドイツ双方の番組、残り二〇％が東ドイツの番組だけを見ていた。東ドイツ政府は、この結果に衝撃を受けたが、露骨なプロパガンダ番組を作成しても国民に見てもらえないことは理解していた。最終的に出された結論は、家族がくつろぐ時間帯に「軽い」番組を提供し、視聴者の内面に訴えかけることであった。チェコスロバキアもまた、東ドイツの方針を踏襲する形でドラマを量産していくことになる。

国策として制作された刑事ドラマ

ここでは、その一つの例として『ゼマン少佐の三十事件（Třicet případů Majora Zemana）』[43]を挙げておきたい。この刑事ドラマは、赤軍によるチェコスロバキア解放三十周年を記念して制作されたものであり、チェコスロバキア・テレビと内務省の密接な協力のもと、一九六八年以降イメージが低下した公安警察（Veřejná bezpečnost）の信頼回復をも目指すものとして作られた。このシリーズは、約五年間にわたって放映され、一年あたり一話のペースで展開された。第二次世界大戦から帰還したゼマン少佐が名刑事として数々の事件を解決していく、というのが物語の柱である。ドラマのなかで社会主義のイデオロギーが声高に主張されるわけではない。だが、ここで展開される凶悪事件の背後には、西側帝国主義や資本主義的欲望に毒された犯人像、あるいは反社会主義的陰謀に踊らされた自国民の存在が示唆される。ゼマン少佐は、共産主義者の父と最初の妻を殺害されるという個人的な悲劇に見舞われながらも、あるべき社会の建設に向かって確信をもって進んでいく。視聴者は、ゼマン少佐とともに、当局の理解に沿った歴史観のもと、戦後三十年の歩みを擬似体験することになる。

このドラマはきわめて高い視聴率を記録した。一九七二年にテレビを所有する世帯はすでに八〇%に達していたが、最初の十話の視聴率が九一%—九三%、次の十話が八八—九四%、最後の十話が八六%—九三%[44]だった。もちろん、この数値にどれだけの信憑性があるかは定かでないが、七六年に東ドイツでも放映されて一定の人気を博し、西ドイツからもかなりの数の視聴があったといわれている。また、体制転換後の九〇年代にチェコ・テレビによって再放送されたほか、二〇〇〇年代に入ってからはDVDセットが発売され、キオスクなどで廉価版が売られるようになったことを考えると、この番組が与えたインパクトの大きさがうかがえる。なお、一九九〇年代の再放送時には、社会主義時代の「遺物」とも見なされたドラマを放映すべきかどうかについて激しい議論が展開され、一話ごとに歴史家による解説を加えるという形で放送された。DVDについても、再生時に「全体主義時代に制作されたドラマであることを納得したうえで、理性をもって視聴するように」という注意書きが提示されるようになっている。

ゼマン少佐にとっての「プラハの春」

では、このシリーズで最大の焦点となる一九六七年から六九年にかけての三話に的を絞って内容をみていくことにしよう。いうまでもなく、このドラマは「正常化」を正当化するために制作されていて、制作する側にとっても、視聴する側にとっても、「プラハの春」とその後のチェコスロバキア占領をどのように描くかが最も重要なポイントであった。

まず、「道化師（Klauni）」と題された一九六七年の回で、改革派知識人であり詩人のパヴェル・ダネシュという人物が登場する。このキャラクターはノボトニー時代に投獄されたヤン・ベネシュがモデルとされているが、劇作家のハベル、あるいは小説家のパベル・コホウトのイメージがかぶせられてもいる。ジーパン姿のダネシュは礼儀をわきまえないながらも、言葉巧みに大衆を魅惑する能力があり、この時期の「集団ヒステリー」を引き起こす「道化」として描かれている。ゼマン少佐は、ダネシュが詩人としての才能を持たないことをいち早く見抜き、ダネシュに対して剽窃の証拠を突き付ける。こうした一連の出来事がきっかけでダネシュはゼマン少佐に恨みを抱くようになる。

「追跡（Štvanice）」と題された翌一九六八年の回で、ダネシュら改革派はゼマン少佐に狙いを定め、五〇年代に発生した殺人事件の真犯人に彼を仕立て上げる。ゼマン少佐は閑職に追いやられ、裁判を待つ身となる。つまり、カフカの『審判』の主人公Kのような状況に追い込まれるのだが、このとき、ゼマンは同僚から「カフカがきみを助けてくれると思うか」と問われ、「わからない。だが、私は自分で身を守れるものと考えたい」と答えている。これは幾重にも転倒した展開である。カフカは「プラハの春」の際に再評価され、「正常化」体制で再びタブー視されるようになった作家である。ここでのゼマン少佐の発言は、カフカ的世界としての六八年からの決別を暗示している。いずれにせよ、仲間たちの助けもあり、ゼマン少佐は裁判で有罪判決から逃れることに成功する。

「井戸（Studna）」と題された一九六九年の回は、依然として「プラハの春」にともなう混乱の日々として描かれる。プラハ近郊の村では凄惨な殺人事件が発生し、しかも改革派知識人のダネシュが公安警察による仕業とメディア相手に言いふらしていた。現場に向かったゼマン少佐は、村人から殺人犯と見なされている刑事に会う。彼は村人から襲われる恐怖におびえていて、「彼らが来なかったら、もっとひどい目にあっていたかもしれない」と言う。ここでいう「彼ら」はワルシャワ条約機構軍を暗示している。ゼマン少佐は公安警察にかけられた疑いを晴らすために、この刑事とともに捜査を開始する。

被害者となったブルーン老夫婦は、もともと富農（クラーク）で、村人からは嫌われた存在だった。この事件の唯一の生き残りである息子はカレル大学哲学部の教授であり、改革派の知識人であった。彼は背後から井戸に突き落とされながらも九死に一生を得たが、この事件がトラウマとなって精神病院に入院している。捜査の結果、年老いた父親のブルーン氏が、一九六八年の集団ヒステリー的状況のなかで錯乱状態となり、無理心中を図ったことが明らかとなる。あまりの悲惨な出来事に真実を隠していた息子は、ゼマン少佐に対し、「私を罰してほしい」と懇願するが、ゼマン少佐は「あなたはすでに十分なほど罰せられています」と語り、息子を精神病院に戻す。ここでは、「集団ヒステリー」に巻き込まれてしまった改革派知識人の弱さと「まっとうな市民」ゼマンの寛大さが対比的に描かれている。

一九六七年から六九年にかけての以上のエピソードは、きわめて露骨な歴史の書き換えを前提とするものである。七〇年代後半の段階で、多くの視聴者はこのストーリーに違和感を抱いたことだろう。だが、六九年の回で登場する一家惨殺事件は、実際に発生した有名な事件をベースに構成されていて、実在する人物が、名前が変更されたりしながらもそれとわかる形で登場する。多くの視聴者は、ドラマの政治性を意識しながらも、虚偽と真実がない交ぜとなった演出のなかで、記憶のゲームに引き込まれていたとも考えられる。

おわりに

音楽が何らかの政治的力を持った例は近現代史のなかで数多く報告されている。フランス革命で強力な情報伝達手段となったシャンソン、ベルギー独立（一八三〇年）の端緒となったとされるオペラ『ポルティチの物言わぬ娘』（ダニエル・フランソワ・エスプリ・オベール作曲、一八二七年）、暴動を引き起こしたバレエ『春の祭典』（イーゴリ・ストラビンスキー作曲）の初演（一九一三年）、抵抗の音楽とされるジャズやロック[45]。そして、印刷技術や通信技術の進展によって様々な情報を広範囲に伝える手段が登場すると、音楽が持つ政治的力は飛躍的に伸張した。特に、素材そのものが革新的であり、それを伝える技術が目新しいものであればあるほど、そのインパクトは大きいものとなった。本章に関しては、一九六〇年代のロック音楽の台頭とテレビの急速な普及がそれにあたる。なかでも、六七年六月、ビートルズが初めて衛星中継で世界的なライブコンサートをおこなったことは、

「世界が揺れた年」、すなわち六八年を迎えるうえで決定的な意味を持っていた[46]。

しかし、音楽は「下からの」運動だけに用いられるわけではない。プラハの春を経験したあとのチェコスロバキア政府は、ロックを飼いならすために公認の音楽システムを構築しようとしただけでなく、国民を私的領域に沈静させるためにテレビの娯楽番組を提供することを決断した。本章で取り上げた刑事ドラマ『ゼマン少佐の三十事件』が、体制の安定化に実質的にどの程度貢献したのかは定かでない。だが、仰々しいプロパガンダが意味を持たなくなった「正常化」時代に、「軽い」テレビ番組を必須と判断したのは、当局の卓見だったとさえいえる。実際、一九八〇年代後半の東ドイツでは、西ドイツの娯楽番組を見せないようにすることは困難になりつつあったが、皮肉なことにそれが社会主義体制の安定化に貢献する可能性さえ生まれていた。少なくとも、東ドイツの指導部がその点を認識しつつあったという点は重要である。

また、ロックと市民社会の関係についても注意が必要である。チェコスロバキアでは、ハベルとイロウスが出会い、ミュージシャンの逮捕と憲章七十七が結び付くことによって「異論派」と呼ばれるカテゴリーが成立し、最終的には「ビロード革命」とロックが密接に関連するものとして記憶されるに至った。だが、いうまでもないことだが、ロックと市民社会はイコールではない。仮にミュージシャンと聴衆が何らかの抵抗を欲していたとしても、それは体制に対するものとはかぎらなかった。彼らからすれば、政府を批判する知識人もまた、エスタブリッシュメントの一部と思われることがあった。ここには世代間の対立も含まれていたと考えるべきだろう。長髪を垂らし、ドラッグに依存し、「破壊的な」音とメッセージにのめり込む若者は、「品行方正な」人間にとっては許しがたいものと映っていた。一九八三年に共産党政権が発したロックへの警告（第3節を参照）は、八七年にアメリカの保守主義者アラン・ブルームが発したメッセージ[47]にも通じるところがある。ロックを「汚れきった水源」「低俗きわまる現象」と呼ぶブルームの主張に、旧東欧諸国の「異論派」知識人も大いに共感する面があっただろう。ロックのビートは市民社会とアプリオリには共振しないのである。

とはいえ、ロックがなにがしかの政治的ポテンシャルを有したことも事実である。「正常化」時代には公共放送という形で体制によって独占されていた動画メディアに関しても、一九八〇年代後半にビデオカメラが登場し、「下からの」運動に活用される可能性が生まれ始めていた。本章では、チェコスロバキアの体制転換に関してロック音楽やテレビドラマが持つ機能について問題提起的な議論をおこなったが、こうした素材が民主化や体制転換と共振するメカニズムについては、他地域との比較を視野に入れながらより精緻な分析をおこなう必要があるだろう。

注

(1) Barbara J. Falk, "Resistance and Dissent in Central and Eastern Europe: An Emerging Historiography," *East European Politics and Societies*, 25 (2), 2011, pp.318-360.

(2) マーク・カーランスキー『一九六八——世界が揺れた年』後編、越智道雄監修、来住道子訳、ヴィレッジブックス、二〇〇八年、三六ページ

(3) この点については以下を参照。宇山智彦「権威主義体制論の新展開に向けて——旧ソ連地域研究からの視角」、日本比較政治学会編『体制転換／非転換の比較政治』(「日本比較政治学会年報」第十六号)所収、ミネルヴァ書房、二〇一四年、一—二五ページ

(4) Stephen Kotkin, *Uncivil Society: 1989 and the Implosion of the Communist Establishment*, Modern Library, 2009, kindle loc. no.82.

(5) Falk, op.cit., p.337.

(6) ヴィクター・セベスチェン『東欧革命一九八九——ソ連帝国の崩壊』三浦元博／山崎博康訳、白水社、二〇〇九年、三五一、五三七—五三八ページ

(7) James Krapfl, *Revolution with a Human Face: Politics, Culture, and Community in Czechoslovakia, 1989－1992*, Cornell University Press, 2013, kindle loc. no.702.

(8) *Ibid.*, kindle loc. nos.2617, 2919.

（9）ティモシー・ライバック『自由・平等・ロック』水上はるこ訳、晶文社、一九九三年、五四―五五ページ

（10）Jonathan Bolton, *Worlds of Dissent: Charter 77, the Plastic People of the Universe, and Czech Culture under Communism*, Harvard University Press, 2014, pp.115-118, 139-143, 276-277. ＰＰＵの名称は、フランク・ザッパ率いるバンド、マザーズ・オブ・インベンションのアルバム『Absolutely Free』（一九六七年）のカバー曲「Plastic People」にちなんでいる。

（11）ヴァーツラフ・ハヴェル『ハヴェル自伝――抵抗の半生』佐々木和子訳、岩波書店、一九九一年、一九一―一九四ページ

（12）トム・ストッパード『トム・ストッパードⅡ　ロックンロール』小田島恒志訳（ハヤカワ演劇文庫）、早川書房、二〇一〇年

（13）Jennifer Spohrer, "Threat or Beacon?: Recasting International Broadcasting in Europe after World War II," in A. Badenoch, et al. eds., *Airy Curtains in the European Ether: Broadcasting and the Cold War*, Nomos, 2013, pp.29-30.

（14）前掲『東欧革命一九八九』三九七―四〇三ページ

（15）Holger Lutz Kern, "Foreign Media and Protest Diffusion in Authoritarian Regimes: The Case of the 1989 East German Revolution," *Comparative Political Studies*, 44(9), 2011, pp.1179-1205, H. L. Kern and Jens Hainmueller, "Opium for the Masses: How Foreign Media can Stabilize Authoritarian Regimes," *Political Analysis*, 17, 2009, pp.377-399.

（16）Paulina Bren, *The Greengrocer and His TV: The Culture of Communism after the 1968 Prague Spring*, Cornell University Press, 2010, pp.122-123.

（17）本節の記述は、以下の拙稿と重複する部分があることをお断りしておきたい。福田宏「チェコスロヴァキア――プラハの春」、西田慎／梅﨑透編著『グローバル・ヒストリーとしての「一九六八年」――世界が揺れた転換点』所収、ミネルヴァ書房、二〇一五年、二六〇―二六四ページ

（18）トニー・ジャット『ヨーロッパ戦後史』上、森本醇訳、みすず書房、二〇〇八年、四四三―四四五ページ

（19）前掲『自由・平等・ロック』一〇七―一一九ページ

（20）マーク・カーランスキー『一九六八――世界が揺れた年』前編、越智道雄監修、来住道子訳、ヴィレッジブックス、

二〇〇八年、三五三ページ

(21) 前掲『自由・平等・ロック』一六五―一七〇ページ

(22) ノルベルト・フライ『一九六八年――反乱のグローバリズム』下村由一訳、みすず書房、二〇一二年、一三一ページ

(23) Milan Kučera, *Populace České republiky 1918-1991*, Akademie věd ČR., 1994, pp.70-75.

(24) Bren, *op.cit.*, pp.20-25.

(25) 前掲『一九六八年――反乱のグローバリズム』一九五ページ

(26) Sabrina Petra Ramet ed., *Rocking the State: Rock Music and Politics in Eastern Europe and Russia*, Westview Press, 1994, pp.58-59.

(27) Miroslav Vaněk, *Byl to jenom rock'n' roll?: hudební alternativa v komunistickém Československu 1956－1989*, Academia, 2010, pp.194-195.

(28) Vaněk, *op.cit.*, pp.391-400.

(29) Paul Wilson, "What's it Like Making Rock'n'Roll in a Police State?" 1983. Reprinted in: M. Machovec, *Views from the Inside: Czech Underground Literature and Culture* (*1948-1989*), Charles University, 2006, pp.33-48.

(30) Vaněk, *op.cit.*, pp.412-415.

(31) Ivan Martin Jirous, "Report on the Third Czech Musical Revival," 1975. Reprinted in: Machovec, *op.cit.*, pp.7-31.

(32) Jirous, *op.cit.*, pp.30-31, Vaněk, *op.cit.*, pp.251-252.

(33) Jirous, *op.cit.*, p.15.

(34) Quoted in Vaněk, *op.cit.*, p.253.

(35) Peter Bugge, "Normalization and the Limits of the Law: The Case of the Czech Jazz Section," *East European Politics and Societies* 22 (2), 2008, pp.282-318. 赤塚若樹「〈グレー・ゾーン〉に生きる芸術――「正常化」時代におけるジャズ・セクションの活動について」「思想」二〇一二年四月号、岩波書店、二三七―二六一ページ

(36) 最も有名な出版物として、ボフミル・フラバル『わたしは英国王に給仕した』(〔「世界文学全集」III－01〕池澤夏

樹編、阿部賢一訳、河出書房新社、二〇一〇年）が挙げられる。

（37）Vaněk, *op.cit.*, pp.333-361.

（38）*Ibid.*, pp.362-363.

（39）*Ibid.*, pp.452-456. 前掲『東欧革命一九八九』三〇六―三〇九ページ

（40）Kern and Hainmueller, *op.cit.*, pp.393-395.

（41）Quoted in Jarmila Cysařová, "Československá televize a politická moc 1953-1989," *Soudobé dějiny*, 9(3-4), 2002, p.537.

（42）Bren, *op.cit.*, pp.121-129.

（43）*Ibid.*, pp.73-84, [DVD] *Třicet případů majora Zemana* (*1975-80*), Česká televize, 2007-08.

（44）Bren, *op.cit.*, pp.8-10, 82.

（45）アデライード・ド・プラース『革命下のパリに音楽は流れる』長谷川博史訳、春秋社、二〇〇二年、アンソニー・アーブラスター『ビバ リベルタ！――オペラの中の政治』田中治男／西崎文子訳、法政大学出版局、二〇〇一年、モードリス・エクスタインズ『春の祭典――第一次世界大戦とモダン・エイジの誕生』新版、金利光訳、みすず書房、二〇〇九年、など

（46）前掲『一九六八』前編、三五三ページ

（47）アラン・ブルーム『アメリカン・マインドの終焉――文化と教育の危機』菅野盾樹訳、みすず書房、一九八八年、六五―八〇ページ

［謝辞］本章の原型は、日本比較政治学会二〇一四年度大会のパネル「政治変動における非言語的象徴」での報告原稿である。音楽などの非言語的象徴の側面から「アラブの春」と「東欧革命」を比較するという、筆者がそれまで想像もしなかった大胆なテーマを与えてくださったパネル企画者の酒井啓子氏（千葉大学）、および、有益なコメントをくださった方々に感謝申し上げる。

［付記］本章は、科学研究費補助金基盤研究Ｂ「東中欧・ロシアにおける歴史と記憶の政治とその紛争」（課題番号

25284149、代表・橋本伸也、二〇一三―一五年度)、同基盤研究B「社会主義における戦争のメモリー・スケープ研究――旧ソ連・中国・ベトナム」(課題番号25283001、代表・越野剛、二〇一三―一六年度)、同基盤研究C「原子力政策の民主的コントロールに関する比較研究――中央ヨーロッパの諸国を中心に」(課題番号25380184、代表・東原正明、二〇一三―一五年度)、同基盤研究C「戦間期中欧論の比較研究――民族自決原則と欧州統合の起点としての地域再編論」(課題番号15K03316、代表・福田宏、二〇一五―一七年度)などの成果の一部である。

第７章　社会主義的近代とイスラームが交わるところ——ウズベキスタンのイスラーム・ベール問題からの眺め

帯谷知可

はじめに

「〔ウズベキスタンでは〕ロシア革命前は女性は〔イスラーム・ベールを着けていたので〕見知らぬ男性を見ることはなかったし（略）女性は門の外へ出られなかったの（略）あらゆる道が女性には閉ざされていた。〔革命の〕後にすべてが開かれたのよ。そしてカリモフの独立時代になってもすべてが平等よ、女性も男性も権利は同じ」。[1][2]これは二〇〇九年九月にウズベキスタンで調査中に出会ったある主婦の言葉である。

その一方で、同じ年の夏、三年ぶりに訪れた首都タシュケントのある場所で、次から次へと現れるイスラーム・ベールを身に着けた女性たちの姿に私は驚愕していた。こんなにも多くの女性がイスラーム・ベールを着けて町を闊歩している光景をそれまでウズベキスタンで見たことがなかったからだ。[3]

一九九一年までソビエト連邦という巨大な社会主義国家の連邦構成共和国の一つだったウズベキスタン。国民の約八割がウズベク人であり、それ以外の中央アジア諸民族などを加えると、約九割が「ムスリム」である。[4]そのすべてが信仰告白をしたムスリムなのかどうかは大いに留保しなければならないが、少なくとも自分たちの伝統の根幹の重要な一部がイスラーム文化であるという意識を持っているというような意味で約九割の人々がムスリムなのである。

ともすると、「ウズベキスタンではソ連時代にはモスクワからの指令によってイスラームが弾圧されていたが、ソ連解体とウズベキスタンの独立獲得によってイスラームも抑圧から解放され、信仰は自由になった。そして民主化と市場経済化が進むなかで、人々はイスラームの伝統を取り戻し、自由に信仰を表現し、実践できるようになった、だからベール着用も復活し、近年どんどん増えているのだ」というような見方がされてしまうかもしれない。しかし事はそう単純ではない。

ウズベキスタンは、憲法で明確に世俗国家であることをうたっている。ソ連時代から存在したイスラームを管理・監督する機関であるムスリム宗務局の再編に加え、官許のイスラーム教育機関を整備し、独立後の国家建設に見合った好ましい（あるいは「正しい」）イスラームの構築にきわめて熱心である。[5] 国民の大部分はムスリムというアイデンティティを持ちながらも世俗的な生活を送っていて、イスラーム的伝統は民族的伝統にまぶされている。

その一方で、ウズベキスタンに伝統的なイスラームを取り戻そうとする伝統回帰の動き（内からのイスラーム復興）とウズベキスタンの外から流入してくる一九七〇年代以降中東で生じたイスラーム復興の動き（外からのイスラーム復興）の双方に突き動かされて、イスラーム復興の諸現象も、民衆イスラームから政治的目標を掲げた非合法イスラーム主義[6]組織の出現まで幅広く観察されてきた。そのなかで、一部の青年たちが過激主義・暴力主義に向かい、タジキスタン内戦やアフガニスタン内戦と連動して、九〇年代末頃にはウズベキスタンに由来するイスラーム過激主義組織ウズベキスタン・イスラーム運動（ＩＭＵ）が台頭し、アフガニスタンでタリバンの保護を受けながらウズベキスタンの安定を脅かそうとした。その後、国際的なイスラーム主義組織解放党（ヒズブ・アッタフリール）の地下活動の存在なども指摘されるようになり、最近では中央アジア諸国からのイスラーム国（ＩＳＩＳ）参加も問題となっている。

こうしたことから、当局側は目が届きにくい町や村の小さなモスクでの金曜礼拝を禁じたり、モスクに監視カメラを設置するなど、ますます国内のイスラームに対する監視を怠らないようになっている。ウズベキスタン政権は、イスラームをあくまで伝統文化の重要な「一部」と位置づけることに懸命であり、社会のなかでその存在感が増すこと、さらに政治化することを極度に懸念している。したがって、政権側ではイスラーム・ベールを着用する女性が増えていることを決して歓迎してはいないのである。

ソ連解体によって社会主義のイデオロギーが消失して以降、冒頭の二つのイスラーム・ベールをめぐるエピソードに象徴されるように、科学的無神論を是とする見地からソ連時代に上からの社会主義的近代化の一環として徹底されてきた世俗主義を継承し、さらにはそれを欧米的な世俗主義の概念とも融合させながら、宗教的な実践にほとんど無関心であるか、むしろ否定的でさえある人々と、伝統回帰とイスラーム復興によってより敬虔なムスリムとしての生き方を積極的に表明する人々との間（同じウズベク人であってもイスラームに対する考え方を異にする人々の間）に深刻な社会的亀裂が生じ、それは近年ますます広がっているようにみえる。ここで重要なのは、世俗主義の徹底というソ連的近代化のプロセスは確かにモスクワから強制されたものだったかもしれないが、それはソ連時代の社会主義的経験を通じて、やがてウズベキスタンの少なくとも一部の人々には確かに内在化され、骨肉化されているということを認識することだろう。(7)

近年、イスラーム・ベールをめぐっては多様な議論がある。ウズベキスタンはイスラームを重要な文化的基盤としながら、二十世紀中に社会主義的近代化を経験し、ソ連解体と体制転換の激動を経て、新たな国民文化を構築しながらグローバリゼーションやイスラーム復興の影響にさらされている。ウズベキスタンにとってイスラーム・ベールはどのような意味を持つのだろうか。イスラーム・ベール問題を通じて、私たちがここで直面している複層的な価値観の対峙や規範のほころびとはどのようなものなのか、現状ではほつれ絡まっているようにみえる糸を解きほぐすことを本章の目的としたい。あわせて、旧ソ連圏ムスリム地域を対象とする地域研究とイスラーム地域研究の架橋ということも念頭におきたい。

1　ウズベキスタンのイスラーム・ベール——パランジからヒジョブへ

まず、ウズベキスタンでのイスラーム・ベールをめぐる問題の歴史的展開と現状を確認しておこう[8]。

ウズベキスタンではいわゆる伝統的なイスラーム・ベールはパランジと呼ばれるものである。かつて中央アジア南部の定住民女性は外出する際には馬の毛で編んだ黒い顔覆い（現代ウズベク語ではチャチヴォンという）を着け、さらにコートのような分厚い長衣（パランジ）を頭からかぶらなければならなかった（図1）。

一般的にこの二つを着けた状態を「パランジを着けている」という。頭の先から足首までがすっぽりと覆われ、まるで布の塊のように見えるかもしれないが、これが家父長にしかるべく守られた、慎みある婦女子の外出時の姿と考えられていたのである。

一九一七年のロシア十月社会主義革命のあと、ソビエト政権は全土で共産党主導の女性解放運動に着手し、社会主義のもとでの男女平等の実現、女性の社会進出の推進、家事・育児の社会化という、当時としては国際的にみても画期的な目標を掲げた。二四年の中央アジア民族・共和国境界画定のプロセスを経て、現在の中央アジア諸国の原型が完成すると、ソ連を構成することになった民族共和国を単位として、諸政策が実施されることになった。イスラーム文化を基盤に持つ中央アジアでは、ソビエト政権はイスラームの影響力をそぐことに腐心し、一夫一妻制と自由意思に基づく婚姻制度の適用、女性の隔離（家父長の許可がなければ外出できない状況）の廃止、婚資（カーリム）の廃止、そしてイスラーム・ベールの根絶が重要な課題となった。なかでもウズベキスタンでは、イスラーム・ベール根絶の問題は、女性解放運動の展開とその上位政策としての社会主義的近代化のための文化政策の実現のなかで、象徴的な意味を付与されることになった。パランジを着けた女性がいるような民族には社会主義建設は担えない、パランジを根絶してこそウズベク民族の社会主義的近代的改造が成し遂げられる、というレトリックのもと、二七年三月八日の国際婦人デーを出発点として共産党主導による大規模なパランジ根絶キャンペーンが開始された。パランジの有無は女性だけでなく、男性にとっても身内の女性にパランジを着けた者がいるかどうかが党員資格にさえ結び付くという意味で、きわめて政治的な意味を持つ外見となった。

しかし、このキャンペーンは伝統的な価値観を維持しようとした保守的な人々から猛反発を受け、パランジを捨てた女性に対する身内男性による懲罰的な暴力（名誉暴力、名誉殺人）が深刻な社会問題となり、頓挫を余儀なくされた。その後、身内の女性にパランジ着用を許さないという項目を含む共産党員の日常生活の規律化や職場への保育所設置などの女性の社会進出推進政策と組み合わせたパランジ根絶キャンペーンの数度の波を経て、ソ連兵としての出征のため男性が不在となり、女性が銃後の生活を担わなければならなかった第二次世界大戦を契機に、パランジはウズベキスタンの日常から姿を消していった。

パランジが姿を消したあと、すべての女性たちが頭部を何かで覆うこと自体をやめたわけではない。白または淡色の無地の大判のスカーフを頭にふわりと載せる（スカーフの両端は結ばず、胸の上に垂らしておく）（写真1）、あるいは三角布を頭につけるときのようにスカーフの両端を後頭部下で結ぶというスタイルが一部の女性たちにとってパランジの代替となったといわれている。こうしたスカーフは、ウズベク語でルモルと総称された。

このスタイルは農村部の女性、あるいは都市部でも年配女性の間で近年でもごく普通に見られるものだが、ソ連時代の数十年の間に次第にイスラーム的な文脈とは切り

図１　「中高年女性のパランジ、少女のパランジ」（ウスト＝ムミン〔ニコラエフ〕画、1948年）。画集『タシュケントのウズベク人の一般的民族衣装』のために描かれたもの（出典：*Usto Mumin./A.Nikolaev/*, Izdatel’stvo literatury i iskusstva im. G. Guliama, 1982, イラストNo.76）。

写真１　ルモルを着けたバザールの布地売り場の女性たち
（マルギラン市、2000年、筆者撮影）

離されて、日常的服装の一部となっていったといえるだろう。つまり、現在ではこうしたスカーフの着用が明確にイスラームの信仰実践だと意識され、周囲からそのことをもって信仰深い人だと見なされるとはかぎらないということである。

一九八五年、ミハイル・ゴルバチョフの登場によってソ連で体制大改革ペレストロイカが推進され、自由化が進むと、中央アジアでは民族文化の見直しという文脈でイスラーム復興の諸現象が観察されるようになった。しかし、この時期に女性のイスラーム・ベールの着用を強く求めるような声があがった、あるいは着用女性が目に見えて増えたというような形跡は管見のかぎりほとんどない。ソ連解体とウズベキスタンの独立（一九九一年）後十年ほどは少なくとも首都の日常でベールを目にすることはそれほど多くなかったが、九〇年代半ばからイスラーム的な外見に対する当局の懸念が強まっていった[9]。

一九九八年には宗教法によって公共の場での宗教的儀式のための衣服着用が禁じられたにもかかわらず、二〇〇〇年代に入って以降、新しいスタイルのイスラーム・ベールが目に見えて増加していったように思われる。この新しいスタイルのイスラーム・ベールはウズベク語で「ヒジョブ」と呼ばれている。いうまでもなく、アラビア語のヒジャーブからきた言葉だが、ウズベキスタンの人々の間ではかつてのパランジや、その代替となったルモルとも明確に異なるものと認識されていて、ウズベキスタンあるいは中央アジアに由来するものではない新しいもの、外来のものと捉えられているようだ。

外見的な違いはどこにあるかといえば、ヒジョブと呼ばれるスタイルは、薄手のスカーフが額の少なくとも半分程度までを覆い、あごの下にも回されていて、顔の周囲がすっぽり包まれているようなかぶり方をするものである（写真2）。

従来のスカーフがほとんど量産品でみんなが同じようなものを使っていたのに比べ、ヒジョブは色・柄・布地

写真2　ヒジョブを着けた女性たち（タシュケント市、2009年、筆者撮影）

などがそれぞれかなり個性的である。しばしばワンピースやズボンともカラーコーディネートされていたり、スカーフも含め全身が統一的なデザインになっていたりすることも特徴である。いわゆるイスラーム・ファッションが一部の女性たちの間で注目を集めていることが見て取れる。近年ではバザールにヒジョブ売り場が登場し、専門のブティックもあったというが、二〇一二年にヒジョブの販売は事実上禁止された。

ウズベク人への聞き取りによれば、大学などの公的空間でも女子学生の間にヒジョブ着用者は増え、着用する者としない者がそれぞれグループ化して、すみ分けるような状況が生じていたという。ある研究所勤務の男性は、同僚である女性が突然ヒジョブを着用し始め、その理由を「ちゃんと結婚したいから」と説明したことに驚いたと述べた。(10)

こうした状況に対して、政権側はヒジョブ着用女性が増えることに神経をとがらせている。前述の男性は、授業を担当するある国立大学で、大学当局からの要請によって、ヒジョブを着用し始めた女子学生たちにその着用をやめるよう授業を通じてそれとなくはたらきかけた経験があるとも語った。(11)

ソ連時代、数十年をかけて、多くの女性が懲罰的暴力の犠牲になるという大きな血の犠牲を払って根絶が目指されてきたイスラーム・ベールが、今日新しい形で出現してきていることをどのように受け止めたらいいのだろうか。ウズベク人の民族的伝統に重きをおいた独立後の新しいナショナリズム(12)を支えとして国民国家建設に取り組むウズベキスタンは、イデオロギー的にはあらゆるソ連的なものを否定しながらも、ソ連時代の政策に由来する世俗主義・政教分離を、ある意味では、自明の、絶対的な原則として貫こうとしている。さらに、イスラームの政治化を極度に警戒するあまり、イスラーム・ベールは相変わらず明確に「好ましくないもの」を象徴する政治的外見と捉えられている。

一方、女性たちがなぜヒジョブを着けるようになったのかについては、多角的な検討が必要である。イスラーム復興を背景として、よりよいムスリマ(ムスリム女性)として生きるという自覚の芽生え、伝統回帰のなかでの家族の側からの要請や強制、新しい流行としてのイスラーム・ファッションの新鮮さ、外国メディアや娯楽映像作品の影響など、いくつかの要因について推測は成り立つが、ヒジョブ着用女性の生の声をじっくりと聞くような調査は難しいのが現状である。

いずれにせよ、ヒジョブを着けた女性が社会的に目立つ存在となる、あるいは強い発言力を持つという状況は生じておらず（実質問題として不可能である）、またヒジョブ着用に何か強い政治的メッセージが込められているということはいまのところないといえるだろう。

2　ベールをめぐる言説の形成

旧ソ連中央アジアの外に目を向けてみると、このイスラーム・ベールの問題は様々な角度から議論されるようになって久しい。その最新の成果は旧ソ連圏ムスリム地域についても有益な示唆を数多く含んでいる。

アメリカで教鞭をとるエジプト出身のジェンダー学者ライラ・アハメドがその著書『イスラームにおける女性とジェンダー[13]』で歴史的な諸言説を詳細に検討した結果明らかにしたところによれば、十九世紀のヨーロッパで、女性の問題はヨーロッパにとっての他者としてのイスラームに関するナラティブの中心的要素となった。やがて中東地域の植民地化のなかで植民地主義的言説は、当時ヨーロッパで活力を持ち始めたフェミニズムの言説を取り込んで、「イスラームは本質的かつ不変的に女性に対して抑圧的であり、ヴェールや女性隔離がその抑圧の典型である、そしてこれらの慣行こそイスラーム社会が全般的、包括的に遅れていることの根本原因である[14]」という明確なテーゼを内包することになった。イギリスとエジプトの例では、ビクトリア朝の支配層の男性たちは本国内ではフェミニズムを封じ込め拒絶しようとしながら、他者であるエジプト人男性とその文化に対してはフェミニズムの言語を駆使して植民地支配を道徳的に正当化しようとした。このことによって女性の抑圧という問題と他者の男たちの文化という問題が融合し、「他者である男性、植民地化された社会の男性、文明化した西洋の境界の向こう側にある社会の男性が女性を抑圧している[15]」というレトリックを生んだ。こうした文脈で、植民地を訪れたヨーロッパ人の目につきやすかったイスラーム・ベールは、イスラーム社会の異質性と劣等性を明確に示すものと映り、女性の抑圧の象徴として、そしてイスラームの後進性の象徴として、植民地主義的な言説の攻撃の的となった。

アハメドはさらに、従来アラブ・フェミニズムの先駆者と評され、エジプトでベールをめぐる最初の闘争を巻き起こしたとされてきたカーシム・アミーンとその著作『女性の解放』（一八九九年）について分析し、最も熱い争点となった、ベール着用と女性隔離の廃止と文化・社会の根本的改革というアミーンの主張が、ヨーロッパのフェミニズムを取り込んだ植民地主義的言説を内在化させたものであり、そこにはヨーロッパ礼賛とともにエジプト人女性に対する卑下さえ読み取れることを明らかにしている。結局のところ、アミーンの目指したものは、ムスリム社会のヨーロッパ化であり、「社会の概観をイスラーム式の男性支配から西洋式の男性支配に置き換えること[16]」にほかならなかった。エジプトではアミーンの見解を支持した人々の多くが、「上流階級や中流上層階級の出自と、ある程度の西洋文化への同化[17]」という共通点を持ったことから、ベールをめぐる議論は、文化に加えて階級の問題をも含むことになった。

さらに、アミーンの著作に猛然と抗議した保守派の語りでは、植民地主義的言説へのアンチテーゼとして、イスラーム世界でのベール着用や女性の隔離などの習慣の「尊厳と有効性」が主張され、「西洋支配に対する抵抗の一手段として[18]」、いわばナショナリズムの文脈から習慣保持が肯定されたが、それとても植民地主義的タームを受け入れ、逆転させたものであって、その底流をなすのはやはりヨーロッパで生まれた植民地主義的言説だった。

ここでアハメドが含意しているのは、レトリックを注意深く取り除いたら何が残るかということである。そこに透けて見えてくるのは男性中心主義であり、ベール廃止論にせよベール擁護論にせよ、結局のところ根本的な意味で、男性が女性を支配する社会通念の変革や、個としての女性の尊厳が問われるような議論には結び付かず、本国でも植民地でも男性が支配する世界が再生産され続けたのだということである。

ヨーロッパと中東の間でイスラーム・ベールに対する言説は以上のような形で生成され、単なる服装や外見という問題を超えて、文化の優劣までをも暗示するような非常に広い象徴的意味を持つようになった。そしてそれは現在に至るまで生き延びている。

3　ウズベキスタンのベールをめぐる言説

こうした議論を踏まえたうえで、ウズベキスタンについて考えてみよう。一九一七年のロシア革命を契機として、のちにソ連領中央アジアとなる旧ロシア帝国領中央アジアは外側のイスラーム世界とは社会主義・共産主義イデオロギーのカーテンによって仕切られることになった。しかし、この地でのベールをめぐる言説は、もちろんその展開の固有性は無視できないものの、ロシア帝政時代からソ連時代を通じて、アハメドが描き出した全体像と驚くほどの共通性を持っている。

ソビエト政権の成立以前には、ロシアとヨーロッパとの往来やその出版物の参照などは基本的に自由だったから、革命以前からフェミニズム思想やイスラーム世界、とりわけその女性をめぐる植民地主義的言説は様々な経路でロシアにももたらされていた。十九世紀後半、中央アジア征服を完了して、およそ二千万のムスリム人口を抱えていたロシア帝国にとって、「異族人《イノローツィ》」（ロシア正教徒以外の遊牧民、狩猟採集民、ムスリムなどに対する身分的カテゴリー）としてのムスリム諸民族をいかによきロシア臣民にしていくかはきわめて重要な文化・教育政策の課題だった。「ロシア正教の恩寵をもって未開のアジアを文明化する」というのが帝国のアジア方面への領土拡張を正当化するレトリックであった。ムスリムに対する異族人教育を担ったのは、アラビア語、ペルシャ語、テュルク諸語などに通じ東洋学者としても活躍した神学大学出身者たちであり、彼らはロシア帝国のイスラーム学の一翼をも担っていた[19]。

たとえば、そうした人物のうちの一人としてニコライ・ペトローヴィチ・オストロウーモフ（一八四六―一九三〇）を取り上げよう。彼は、カザン神学アカデミー対ムスリム宣教学科出身で、トルキスタン総督府の異族人教育のための師範学校、タシュケント教員セミナリア初代校長を務めた。ヨーロッパにおけるイスラーム研究の動向にも目を配りながら、サルトと呼ばれた定住民（ほぼ現在のウズベク人に相当）をはじめとする中央アジアのムスリムを観察し、『アラビアとクルアーン』（一八九九年）、『クルアーンと進歩』（一九〇一年）、『サルト―民族誌的資料』（一九〇八年）、など多くの著作を残している。オストロウーモフは学者としてイスラームを深く理解しようと努めたことは確かだが、いずれにしても彼の立場がきわめて植民地主義的なものだったことは、次の言葉によく表れている。「ムスリムのイギリス人やフランス人、そしてとりわけロシア人への従属はこれら〔ムスリム：引用者注〕諸民族の生活を支えるものである、なぜならこの従属はより高度な文化の恩恵に浴する機会を彼らに与えるからである。〔彼らは：引用者注〕それを嫌う必要はないのだ。そしてさらに重要な問題は、我々の時代にこの未知の世界に新しい文化を作り上げることができるか、ということだ[20]」

ムスリム女性の問題に着目した『ムスリム女性の権利の現状』（一九一一年）という著書では、オストロウーモフはロシア領中央アジアや中東の女性を念頭におき、「ムスリム女性にヨーロッパ的な教育と知識への道が閉ざされているかぎり、その家族や社会の状態にはいかなる改善も期待できない[21]」と結論づけている。

ここには、ロシア帝国の植民者たちも自国植民地のムスリムを「他者」と捉え、その文化をロシア文化よりも劣ったものと見なしていたこと、また、ムスリム女性の現状は従属的なものであり、ヨーロッパへの同化だけが彼女らの解放を可能にすると考えていたことが読み取れる。

ソビエト政権が成立すると、すでに述べたように、あからさまな反イスラーム政策と併行して、社会主義的な理念に基づいた共産党主導による女性解放運動が展開された。ソ連内のムスリム諸民族共和国のうち、歴史的に定住生活をしてきた民族の共和国（たとえばウズベキスタン、アゼルバイジャン）ではベール着用と女性隔離の廃止、遊牧生活をしてきた民族の共和国（たとえばカザフスタン）では婚資と女性隔離の廃止が女性解放の象徴となった。

先に述べた「パランジを着けた女性がいるような民族には社会主義建設は担えない、パランジを根絶してこそウズベク民族の社会主義的近代的改造が成し遂げられる」というレトリックをもう一度思い起こしてみよう。ここでは明らかに、ウズベク人の当時の状況（女性が外出時にパランジを着けるような状況）が遅れた近代的でない民族の現状として示されていて、その改造の鍵を握るのは女性であり、パランジ根絶なのである。もちろんソビエト政権下のウズベキスタンがはたしてソ連の「植民地」といえるのかどうかは慎重に検討されなければならない問題である。だが、それをさしあたり脇におくとして、少なくとも、ロシア革命期の現地のムスリム主導の改革運動や自治運動がつぶされてしまったあと、中央アジアでの革命とその後の初期社会主義建設の主導権はやはりロシア人らヨーロッパ系の人々にあったこと、ソ連全体を覆う政策の大枠はモスクワから指令されていたこと、そのもとでウズベク人エリートが養成されていくプロセスがあったことなどを考え合わせれば、当時のこのようなソビエト政権側のイデオロギー的言説を、アハメドが指摘したフェミニズムを取り込んだ植民地主義的言説の発展形だと考えることもあながち無理ではないだろう。アハメドは十九世紀の人類学とフェミニズムがこうした植民地主義的言説に奉仕したとしているが[22]、ソ連的文脈では社会主義のもとでの家族死滅論[23]を含むような男女平等の理念に加えて、マルクス主義的な歴史の発展段階論と科学的無神論もこうした言説を結果として補強したのではないだろうか。

ソ連体制のもとでは、「伝統」と「近代」を分ける区切りは実に明確に設定されていた。それはすなわちロシア社会主義大革命が起こった一九一七年十月[24]である。実際、ソ連時代には「十月以前の（dooktiabr'skii）」というロシア語形容詞は「後進的な」「封建的で抑圧的な」「悪しき因習に満ちた」ものを暗示した。ムスリム諸民族については、それは「イスラーム的家父長制的抑圧のもとでの」ということに等しかった。一方、近代化とは社会主義建設の道のりであった。

共産党主導の女性解放運動で主張されたウズベク人女性改造のための具体的事項をいくつかみてみれば、この

Вторник, 8 марта 1927 г. № 17 (32)

КОМСОМОЛЕЦ ВОСТОКА

3

Шире двери девушке Востока!

Молодым труженицам кишлаков и городов надо помочь стать полноправными строительницами Советской страны.— Каждый комсомолец должен личным примером бороться за новый быт, за раскрепощение женщины.—Шире двери в комсомол для женской трудящейся молодежи коренных национальностей! Внимание национальным советским школам и пионерской организации!

За учебой

За станком

Сбрось чадру, она закрывает тебя от мира, вредит твоему здоровью, мешает работать.

325

図2　「東方の女子たちにもっと門戸を開こう！」と題する記事（「東方のコムソモール員」1927年3月8日付）。中央にある325という数字の上の部分に、「ベール（チャドル）を捨てよ、それはきみを世界から閉ざし、きみの健康を損ない、労働のじゃまになるものだ」とある

改造が生活習慣その他の「ヨーロッパ化」（あるいは「ロシア化」）という側面を多分に含むものだったことがわかる。たとえば、パランジを放棄したあとの外出時の好ましい姿として、ブラウスと膝下丈のスカートという洋装、ストッキングとヨーロッパ風の靴、髪型はボブスタイルのような短髪などが奨励された(25)。

パランジ根絶キャンペーンの数回の波を経て、男性にとっても女性にとってもパランジの根絶こそ新しい近代的な社会への入り口という言説が浸透することになった（図2）。

女性解放運動の推進者たちはこうした言説の伝道者でもあったのであり、パランジの根絶と近代化や進歩がイコールで結ばれるような見方はソ連の終焉まで基本的には維持された。本章冒頭にあげた主婦の言葉は、そうした見方がいかに深く人々に浸透したかを表しているだろう。少々大雑把ではあるが、ソ連体制のもとで女性解放運動を推進し、共和国を担ったエリートたちが、アハメドが言及したアミーンのような立ち位置にいたと理解することはできる。そして、ウズベキスタン独立の経緯を念頭におくなら、こうした言説を刷り込まれてキャリアを形成してきたソ連期共和国政治のトップにいたかつての共産党員が、若干の再編は経たものの、独立後にも「大統領制権威主義(26)」体制の中枢をなしているのである。

パランジ根絶キャンペーン以降、女性解放の成果は、識字率や専門職に占める女性の割合の高さによって示さ

れたが、ペレストロイカ以降、フルタイム労働、家事・育児、近所・親戚付き合いを一手に担う女性はいつも疲れ果てていたことや、解放された女性としてのパフォーマンスの強要、様々なハラスメントの存在など、華々しい数字の陰にあった、女性解放とはほど遠い実態が明らかにされるようになった[27]。最近では、ソ連時代のウズベキスタンでソビエト法上の合法的な婚姻とシャリーア（イスラーム法）による非公式の婚姻が併存し、シャリーア婚のほうが実際の生活に反映されるケースが多かったことが明らかになってきている[28]。ソ連時代の共産党主導の女性解放のための努力は、「ウズベク社会に教育などの分野では尋常ならざるインパクトを与えたのに、婚姻や家族に関する理想は、法律化はされたが、漸次的で部分的な変化しか与えなかった[29]」のであり、パランジはなくなってもジェンダーや家族に関する規範の変革はきわめて難しかったのである。

4　「新しいベール」

一九八〇年代以降、イスラーム世界で再び顕著となったイスラーム・ベールの着用（あるいはヘッドスカーフだけでなく、装い全体をイスラームの教えにかなったものにする「イスラーム式服装[30]」の採用）について、「近年のグローバルな規模の地政学的・文化的交流がもたらした近代の現象であって伝統的なものではない[31]」という指摘がある。二十世紀前半にイスラーム・ベール着用の顕著な減少または廃止を経験した中東各国で著名な女優から普通の市民まで、ベール着用を選択する現象が見られるようになった[32]。その背景にはイスラーム復興もあるだろうし、一定程度自由や自立を獲得した女性たちが自らの意志でイスラーム的な価値観を優先させられるようになったということもあるだろう。

すでによく知られているように、このようなベール着用の動きに対して、トルコやフランスでは、政教分離と世俗主義の見地から、特に学校などの公的空間で特定の宗教への帰依を強く示す服装は好ましくないという理由で着用が禁止され、それに対してベール着用の女子学生らが抗議行動を繰り広げるという事態が生じ、大きな議論を呼んだ。それは表面的には、政教分離・世俗主義の原則と、信仰の自由・服装の自由・個人の権利の主張がぶつかっているようにみえた。しかし、ここでまたしてもベールは、かつての植民地主義的言説がまだ生きていることに加えて、9・11事件後の「イスラーム国際テロとの正義のための戦い」という言説の余波で、イスラームの「不寛容さ」や「過激主義」の象徴として捉えられてしまうのである。

フランスでのベール問題を「ベールの政治学」という見地から分析したジョーン・W・スコットは、「スカーフ禁止法を可決させるキャンペーンを特徴づける政治的ヒステリーは内側からフランスを転覆させるテロの脅威としてヴェールを描いた[33]」と述べている。ベールを攻撃することは、別の何かを覆い隠すことにつながっていて、「別の何か」とはこのケースでは、すでにフランスの市民権を持っている北アフリカ出身の移民ムスリムたちを「他者」として排斥することにほかならない。こうしてスコットは、スカーフ禁止法の陰に隠れたフランス共和制と民主主義のもとでの「他者」の排除の正当化に警鐘を鳴らした。

フランスでは、ムスリム移民が激増したことによって、イスラームという宗教の存在からフランス独自のライシテと呼ばれる政教分離の原則自体の再考が強く促されることになった。『政教分離を問いなおす』の著者ルネ・レモンは、このライシテ再考の議論で、フランス国内のメディアも世論もイスラームだけに関心を向け、しかもベール問題は全体の「おそらく百分の一ぐらいの重みしかない[34]」にもかかわらず、公立学校で女子生徒のベール着用が許されるか否かということだけに議論を特化させてしまったと述べている。

こうした文脈から考えてみると、独立後のウズベキスタンに出現した、パランジとは異なる新しいベールとしてのヒジョブも、イスラーム・ベール着用の伝統の復活というよりは、内からのイスラーム復興、外からのイスラーム復興、市場経済化、グローバリゼーションによる情報と文物の流通などを背景に生じた新しい現象と捉えるべきであることに気づく。グローバリゼーションによってもたらされたもののなかには、一方でソ連時代とは異なる定義づけをされた民主主義や自由というような価値観があり、また一方でイスラームに関連する情報や文物もある。それにもかかわらず、公の言説では、ルモルはウズベク人の伝統的な服装の一部であり、「よい」ベールだが、一方ヒジョブは外来の「悪い」ベールで、過激主義やテロリストに結び付くもの、その下に爆弾が隠されているかもしれないものというイメージづけがされてしまう。

ベールの禁止によって排除されてしまう「他者」は、フランスでは北アフリカ出身の移民だったが、ウズベキスタンでは同じムスリムであり、たいていの場合は民族も同じくする、過去や伝統を共有する同胞なのである。二〇一五年六月以降、ウズベキスタンでヒジョブ着用者やバザールのヒジョブ売り場が摘発の対象となったことがインターネット・ニュースで頻繁に報じられた。ラジオ・フリー・ヨーロッパのある記事は皮肉をこめて、一九二〇年代の女性解放運動と同じくこの反ベール・キャンペーンを再び「フジュム」と呼んでいる。(35)

おわりに――社会主義的近代化の脱構築に向けて

一九九九年に公開されたウズベキスタン映画『演説者』(36)は、ロシア革命期、ひょんなきっかけからソビエト政権のアジテーション演説を仕事とすることになったあるウズベク人男性が主人公である。流暢で激しいソビエト政権擁護の演説とは裏腹に、家に帰れば彼にはかいがいしく世話を焼く三人の、互いに仲睦まじく一つ屋根の下で暮らす妻たちがいて、彼女らはパランジを着けている。多くの男性共産党員を牛耳るような活力あふれるウズベク人女性共産党員に思いを寄せられて関係を持ってしまったり、妻の一人が首都タシュケントで「教化」され、パランジを脱いだばかりかまるで女優のような艶やかな洋装で戻ってきたり……そんな人生のあれこれを経験した主人公の最期は、映画のラストシーンでとても印象的に描かれる。彼は年老いて、独り戸外で車椅子に腰かけたまま息を引き取る。ソ連の知識人向けロシア語雑誌「新世界」を手にしている。そして雑誌からこぼれ落ちる一枚の古い写真――そこには若き日の彼と、彼を囲むように寄り添い立つ三人のパランジを着けた妻たちが写っている。ソビエト的な近代化のスローガンを毎日叫び続けることと、この妻たちに囲まれた日々を懐かしく愛おしいものとして胸に抱き続けることとは、彼にとっては矛盾しなかったということだろうか。あるいは後者のほうこそ大切だったということだろうか。社会主義的近代化が突きつけた葛藤をそこはかとなく暗示するようなラストシーンである。

イスラーム・ベールを根絶すべき悪しき伝統と規定した社会主義のイデオロギーはなくなった。しかし、フェミニズムを取り込んだ植民地主義的言説は、9・11事件後の文明の衝突論的言説によってさらに補強・変形されて、ウズベキスタンでは、ヒジョブは「悪い」イスラームに、すなわちウズベク的伝統に根差したものでない、外来の、過激で不寛容なイスラームに結び付くものだというレトリックを生み、それが体制維持のための武器として巧妙に使われている。しかしその武器は、力任せにふるい続ければ自らの身を切り、国民統合に亀裂を生じさせかねない諸刃の剣である。

本章で紹介したアハメドや、ライラ・アブー＝ルゴドをはじめとするイスラーム中東世界出身のジェンダー研究者らのグループは、その一連の研究で、「伝統／近代」に代表されるような二項対立的な区分を議論の前提としないこと、近代性と女性の進歩・解放・エンパワーメントを安易に同一視しないこと、ヨーロッパによる中東イスラーム世界の植民地主義的支配とそのあとに現地に残されたポスト植民地主義の遺産が現地のジェンダーポリティクスに与えた影響を注意深く読み取る必要があることなどをすでに重要な視座として共有するに至っている(37)。「いかに保守的に見えようと、彼女たちにとってイスラーム式服装は、これらの進歩をスムーズになし遂げるための制服なのだ。（略）それを着ることは、新天地へ向かい、さらに前進するという決意表明なのだ。目指すところは現代性である(38)」というアハメドの言葉は、一九二〇年代のウズベキスタンの女性解放運動で、ベールを捨てることこそ、伝統的因習や信仰、家族さえも捨てて、女性が社会主義とともに前進するという決意表明だったことと比べれば、完全に逆転の発想である。そういう未来も描けるのである。

このことは、ソ連をはじめとする現存した社会主義諸国の社会主義的近代化を検討したうえで、「単線的・楽観的近代化論に対して、複線的で、伝統との絡み合いを重視し、近代化の中で新たに生まれる矛盾にも眼を向ける、批判的な近代化論、そして更には「近代以後」までをも視野に入れることのできるような新しい近代化論[39]の必要性を訴えた塩川伸明の見解とも通底するものがある。ウズベキスタンの独立後の新しいナショナリズムは、実はその内にソ連的なものを抱えながらも、ともするとソ連時代を否定的に描こうとするあまり、社会主義的近代化の客観的評価や再検討を許さないが、それをおこなってこそ、より多くの人々がより幸福に豊かに暮らしていくための展望が開けるのではないだろうか。ウズベキスタン国民として、男性も女性も、女性はベールを着けていてもいなくても、そうした道を歩む権利があるはずである。

注

（1）イスラム・アブドゥガニエヴィチ・カリモフ（一九三八年生まれ）。一九九〇年、ウズベキスタン共産党第一書記から大統領制導入にともないウズベキスタン大統領となる。二〇一五年三月に四選を果たし、現在に至る。

（2）二〇〇九年九月、ウズベキスタン・サマルカンド市内での聞き取り（七十代女性）。

（3）このエピソードについては次の拙稿でも言及している。帯谷知可「フジュムへの視線——一九二〇年代ソ連中央アジアにおける女性解放運動と現代」、小長谷有紀／後藤正憲編『社会主義的近代化の経験——幸せの実現と疎外』所収、明石書店、二〇一一年、九八—一二二ページ、帯谷知可「社会をよそおうオンナたち—ウズベキスタンにおけるイスラーム・ヴェール今昔」、谷川竜一編『世界のジャスティス——地域の揺らぎが未来を照らす』（CIAS Discussion Paper No.50）所収、京都大学地域研究統合情報センター、二〇一五年

（4）ウズベキスタンの主な民族は、ウズベク人七八・八%、タジク人四・九%、ロシア人四・三%、カザフ人三・九%（二〇〇二年）である。

（5）ヨハン・ラサヤナガムは、ウズベキスタンでは国家による言説として、よいイスラーム／悪いイスラームの二分法が用いられていると指摘し、よいイスラームとは伝統的共同体マハッラで徳として共有されるような中庸と寛容に根

差した父祖伝来のイスラーム信仰であり、悪いイスラームとは、ウズベク的な民族性と伝統に反する「他者」のイスラームだと分析している（Johan Rasanayagam, *Islam in Post-Soviet Uzbekistan: The Morality of Experience*, Cambridge University Press, pp.96-120）。また、中央アジアでのソ連解体後の国家とイスラームの関係について概観したものとして、次を参照。帯谷知可「宗教と政治」、岩崎一郎／宇山智彦／小松久男編著『現代中央アジア論――変貌する政治・経済の深層』所収、日本評論社、二〇〇四年、一〇三―一二八ページ

（6）ウズベキスタンでのイスラーム主義とその組織については次を参照。バフティヤール・ババジャノフ「ソ連解体後の中央アジア――再イスラーム化の波動」、小松久男／小杉泰編『現代イスラーム思想と政治運動』（「イスラーム地域研究叢書」第二巻）所収、東京大学出版会、二〇〇三年、一六七―一九三ページ

（7）このような観点からは、ポスト社会主義人類学で提唱された、伝統・社会主義・現在という三つの歴史的位相を設定し、その相関性を同時代的に分析する視座が示唆に富んでいる。高倉浩樹／佐々木史郎編『ポスト社会主義人類学の射程』（「国立民族学博物館調査報告」第七十八号）、人間文化研究機構国立民族学博物館、二〇〇八年

（8）ウズベキスタンでの「フジュム（攻撃）」と呼ばれた女性解放運動については主に以下を参照。Gregory J. Massell, *The Surrogate Proletariat: Moslem Women and Revolutionary Strategies in Soviet Central Asia, 1919-1929*, Princeton University Press, 1974, Douglas Taylor Northrop, *Veiled Empire: Gender and Power in Stalinist Central Asia*, Cornell University Press, 2004, Marianne Kamp, *The New Woman in Uzbekistan: Islam, Modernity, and Unveiling under Communism*, University of Washington Press, 2008. また、本節の内容は以下の拙稿と重複する部分があることをお断りする。前掲「フジュムへの視線」、前掲「社会をよそおうオンナたち」

（9）マリアン・カンプは一九九一年から九三年にかけてタシュケントで若い女性たちが yopinchik と呼ばれる新スタイルのベールを着けているのをしばしば見たと書いている。白色、薄青色あるいは薄緑色、黒色の布を額からあご下に回すように着用し、まれにスカーフの端を鼻と口が見えないようピンで留めていたという。そうした女性たちはしばしば単色のゆったりとした丈が長いワンピースを着用していた。当時、イスラームへの帰依を積極的に提示する外見として、男性の場合はあごひげと白い帽子、女性の場合はこのようなベールの着用があったと指摘している（Kamp, *op.cit.*, pp.233-236）。参考までに筆者自身の経験を挙げるとすれば、九一年から二〇〇六年までほぼ毎年ウズベキス

タンを訪問したなかで（うち一九九四年から九六年は長期滞在）、明らかにいわゆるイスラーム・ベールだとわかるものを着用した女性を目撃したのは三回だけ、一回目はタシュケント旧市街のマドラサ前、二回目はブハラ近郊のナクシュバンディー廟の敷地内、三回目はタシュケント市内のある家庭での女性のお茶会のとき（十人弱ほどの女性参加者のなかの一人）だった。

（10）二〇一一年九月、京都市内での聞き取り（五十代男性）。

（11）同聞き取り

（12）独立後のナショナリズムの諸相については、次の拙稿を参照。帯谷知可「英雄の復活――現代ウズベキスタン・ナショナリズムのなかのティムール」、酒井啓子／臼杵陽編『イスラーム地域の国家とナショナリズム』（「イスラーム地域研究叢書」第五巻）所収、東京大学出版会、二〇〇五年、一八五―二一二ページ

（13）ライラ・アハメド『イスラームにおける女性とジェンダー――近代論争の歴史的根源』林正雄／岡真理／本合陽／熊谷滋子／森野和弥訳（叢書・ウニベルシタス）、法政大学出版局、二〇〇〇年。特に第八章「ヴェールに関する言説」を参照。

（14）同書二一六ページ

（15）同書二一六ページ

（16）同書二三二ページ

（17）同書二三六ページ

（18）同書二三五―二三六ページ

（19）デイヴィド・シンメルペンニク＝デル＝オイェ『ロシアのオリエンタリズム――ロシアのアジア・イメージ、ピョートル大帝から亡命者まで』浜田樹子訳、成文社、二〇一三年、一五一―一八四ページ

（20）Ostroumov, Nikolai Petrovich, *Islamovedenie. Vvedenie v kurs islamovedeniia*, Tashkent, 1914, p. 57.

（21）Ostroumov, Nikolai Petrovich, *Sovremennoe pravovoe polozhenie musul'manskoi zhenshchiny*, Kazan', 1911, p. 45.

（22）前掲『イスラームにおける女性とジェンダー』二一五ページ

（23）河本和子によれば、家族死滅論の骨子は次のとおりである。「生産手段が私人から奪われ共有化されて社会主義が

実現されれば、財産を受け渡すために存在した家族は必要なくなり、女性は解放される。婚姻は財産や経済ではなく、愛に基づくものとなる。子は婚姻の内外を問わず、平等の取り扱いを受け、必要なくなった家族に代わって社会が子育てにあたる」（河本和子「家族と法――ソ連における立法を通して」、塩川伸明／小松久男／沼野充義／松井康浩編『ユーラシア世界4――公共圏と親密圏』所収、東京大学出版会、二〇一二年、一九一ページ）

（24）西暦では十一月七日だが、当時のロシアのユリウス暦では十月二十五日であった。その後西暦使用となってからも革命を象徴するタームとしては「十月（oktiabr'）」がずっと使われた。

（25）Northrop, *op.cit.*, pp.130-134. ダグラス・テイラー・ノースロプは、同時にパランジを捨てようとした女性の側からも、周囲の男性たちからの攻撃をかわすために、従来パランジの下に着用していたものとは全く別の新しい衣服を求める声があがったとも述べている。

（26）宇山智彦「政治制度と政治体制――大統領制と権威主義」、岩崎一郎／宇山智彦／小松久男編著『現代中央アジア論――変貌する政治・経済の深層』所収、日本評論社、二〇〇四年、七一―七三ページ

（27）一例として、以下を参照。Marfua Tokhtakhodzhaeva, *Mezhdu lozungami kommunizma i zakonami islama*, Tashkent, 2000.

（28）一例として、和崎聖日「中央アジア定住ムスリムの婚姻と離婚――シャリーアと家族法の現在」（藤本透子編『現代アジアの宗教――社会主義を経た地域を読む』所収、春風社、二〇一五年）七七―一二九ページを参照。

（29）Kamp, *op.cit.*, p.6.

（30）この日本語のタームはアハメドの邦訳（前掲『イスラームにおける女性とジェンダー』）にしたがった。

（31）ジョーン・W・スコット『ヴェールの政治学』李孝徳訳、みすず書房、二〇一二年、一二ページ

（32）一例として、次を参照。後藤絵美『神のためにまとうヴェール――現代エジプトの女性とイスラーム』中央公論新社、二〇一四年

（33）前掲『ヴェールの政治学』二〇四ページ

（34）ルネ・レモン『政教分離を問いなおす――EUとムスリムのはざまで』工藤庸子／伊達聖伸訳・解説、青土社、二〇一〇年、一四五ページ

（35）“‘Deveiling’ Drive Moves to Uzbekistan’s Capital, *Radio Free Europe/Radio Liberty*”（http://www.rferl.org/content/uzbekistan-deveiling-drive-hijab/27070345.html）［アクセス二〇一五年十二月十四日］

（36）『演説者』（原題“Voiz”）ユスプ・ラディコフ監督、一九九九年。この映画については次の拙稿で紹介している。帯谷知可「ウズベキスタン　中央アジア近現代史に思いをはせながら」「総特集　混成アジア映画の海――時代と世界を映す鏡」、地域研究コンソーシアム「地域研究」編集委員会編「地域研究」第十三巻第二号、京都大学地域研究統合情報センター、二〇一三年、三八一―三八六ページ

（37）ライラ・アブー＝ルゴド編著『「女性をつくりかえる」という思想――中東におけるフェミニズムと近代性』後藤絵美／竹村和朗／千代崎未央／鳥山純子／宮原麻子訳（明石ライブラリー）、明石書店、二〇〇九年、三―五ページ

（38）前掲『イスラームにおける女性とジェンダー』三二三―三二四ページ

（39）塩川伸明『現存した社会主義――リヴァイアサンの素顔』勁草書房、一九九九年、二九四―二九五ページ

［補記］本稿は、京都大学地域研究統合情報センター共同利用・共同研究個別ユニット「中央アジアの社会主義的近代化と現在」（代表・帯谷知可、二〇一五年度）および科研費・基盤研究(B)「中央アジアのイスラーム・ジェンダー・家族」（課題番号24310184、代表・帯谷知可、二〇一二―一五年度）の成果の一部である。

第8章　資本主義の未来
——イスラーム金融からの問いかけ

長岡慎介

はじめに

「社会主義の弊害と資本主義の幻想」——日本を代表する理論経済学者だった宇沢弘文は、一九九一年、当時のローマ法王ヨハネ・パウロ二世から、現代世界が直面している問題を短い言葉で的確に表現できないかと問われ、こう返答したという(1)。この問いかけは、ちょうど百年前にレオ十三世（第二百五十六代ローマ教皇）によって出された回勅「レールム・ノヴァールム（新しいことがらについて）」の発布百年を記念して、法王が新しい回勅を出すことを企図した際に発せられたものだった。「レールム・ノヴァールム」は、カトリック教会として初の社会教書であり、資本主義の底辺で苦しむ労働者の権利の向上を訴えたものである。副題には「資本主義の弊害と社会主義の幻想」とあり、宇沢はこれを百年後の新しい回勅のためにオマージュしたのであった。

このエピソードは、資本主義という経済システムがその覇権的地位を近代世界で確立していくなかで、様々な弊害や矛盾を生み出したものの、それでもなお、人々が資本主義に対して、自分たちのよりよい生活を実現する最善の道だという期待を持ち続けていることを端的に物語っている。はたしてそのような期待に資本主義は応えてくれるのだろうか。あるいは、宇沢が指摘するように単なる「幻想」なのだろうか。かつては、「経済体制論」という研究分野で、資本主義のあり方をめぐって活発な議論が交わされていた。それは、ソビエト連邦という壮大な社会主義の実験場が存在し、「資本主義か、社会主義か」という選択が誰にとってもリアルで差し迫った課題となっていたからである。議論には、資本主義を支持する立場、反対する立場から多くの論客がともに参画し、共通の討議アリーナが形成されていた(2)。

二十世紀末にソ連が崩壊し、社会主義の夢がまさに「幻想」に終わってからは、資本主義が世界各地に浸透し、それが唯一の経済体制だという認識が優勢を占め、共通の討議アリーナは失われてしまった。しかし、資本主義は多くの弊害や矛盾を生み出し続けていて、そのネガティブインパクトは大きくなるばかりである。たとえば、二〇〇八年のリーマンショックに端を発する世界金融危機では、高度に金融化した資本主義が激しい批判にさらされた。それに呼応するように、いまの資本主義を抜本的に変革し、新たなオルタナティブ経済を志向する様々な動きが顕在化している。それは、アントニオ・ネグリに代表されるようなマルクス主義の再構築といった二十世紀からのアンチ資本主義の系譜に連なる思想のレベルから、地域通貨やフェアトレードのような草の根／ローカルな実践のレベルまで多岐にわたっている。

ところが、現状の資本主義の是非をめぐる議論は、かつてのような共通の討議アリーナを形成しえていない。最大の擁護者として資本主義を理論から支え続けてきた近代経済学は、自らの学問的フレームワークのなかでよりよい資本主義のあり方を模索しようとしている(3)。けれども、そこでの議論とアンチ資本主義の運動とは必ずしも直接的なつながりはみられない。近代経済学が、自らの理論的前提を共有しない議論に対して目を向けることはまれだし、アンチ資本主義の運動は、しばしば「市場原理主義」というレッテル貼りによって、近代経済学の学問自体の有用性を端から否定する。現状の資本主義が大きな岐路に立たされているという共通認識にもかかわらず、その未来をめぐる議論はタコつぼ化してしまっているのである。

そのようななか、資本主義の未来をめぐって近代経済学も含めた様々な立場の論客が参画し、熱い議論が交わされているまれな共通の討議アリーナがある。それが、イスラーム金融である。イスラーム金融は、二〇〇八年

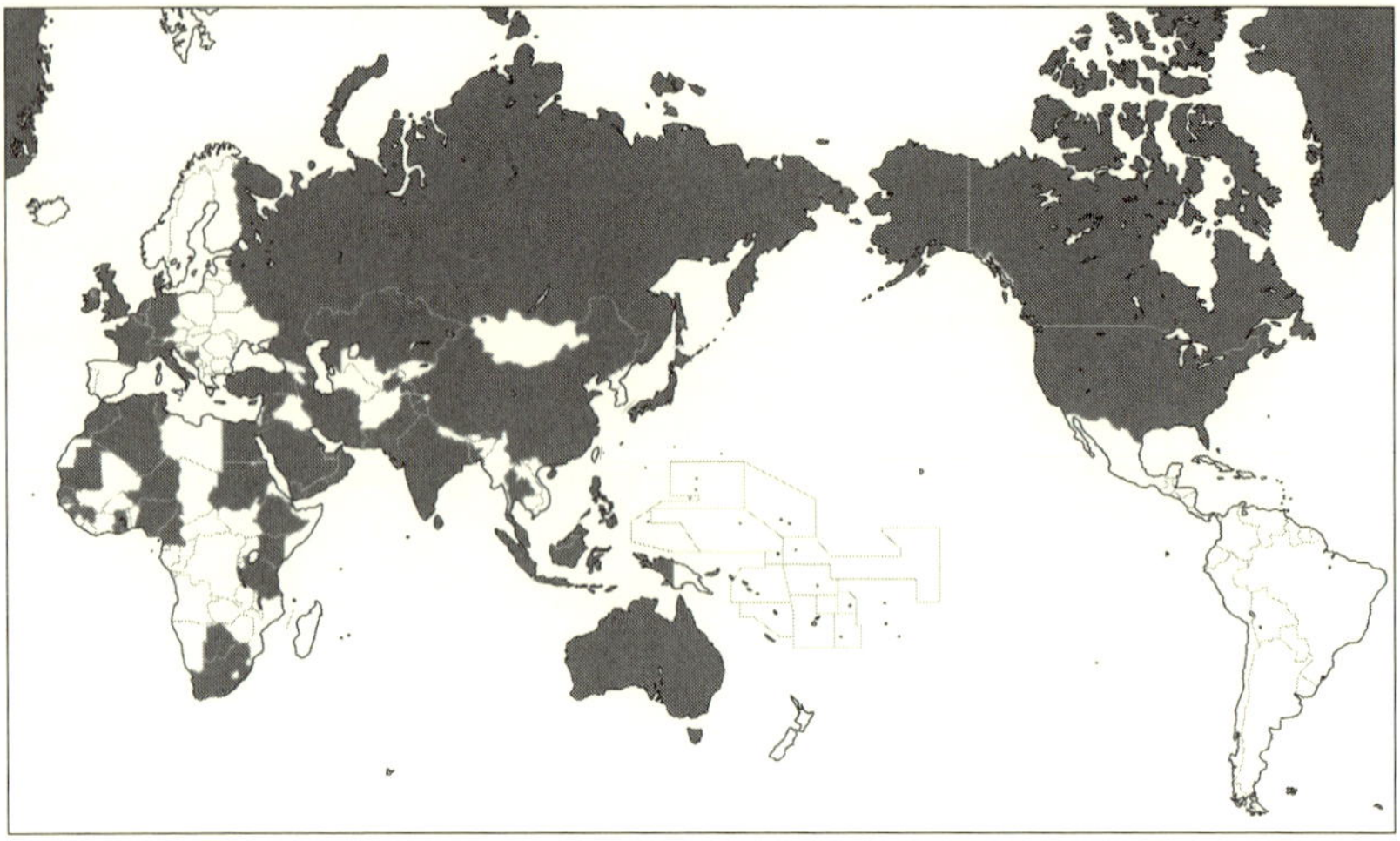

図1　イスラーム金融サービスが提供されている国（筆者作成）

からの世界金融危機の際に、既存の金融システムの問題点を克服しうる金融システムとしてグローバルに脚光を浴びるようになった(4)。「イスラーム」という宗教名が付いていることとも相まって、イスラーム金融は、ムスリム（イスラーム教徒）のためのアンチ資本主義の立場に属する運動だと思われがちである。しかし、イスラーム金融、あるいはもっと大きく捉えてイスラーム経済のダイナミズムは、単にアンチ資本主義として片づけられるものではない。そこには、プロ／アンチの対立や宗教的信条の違いを超克した視座から、資本主義の未来を構想するための叡智を見いだすことができるのである。本章では、そのようなイスラーム金融の実践に着目し、その実践メカニズムと背景にあるイスラーム経済の理念を眺めることで、それらが私たちの資本主義の未来を考えるうえで何を提起しているのかを考えることにしたい。

1　イスラーム金融とは何か

成長するイスラーム金融

イスラーム金融はいま、世界各地でその実践がみられる（図1を参照）。それは、多くのムスリムが暮らす東南アジアから

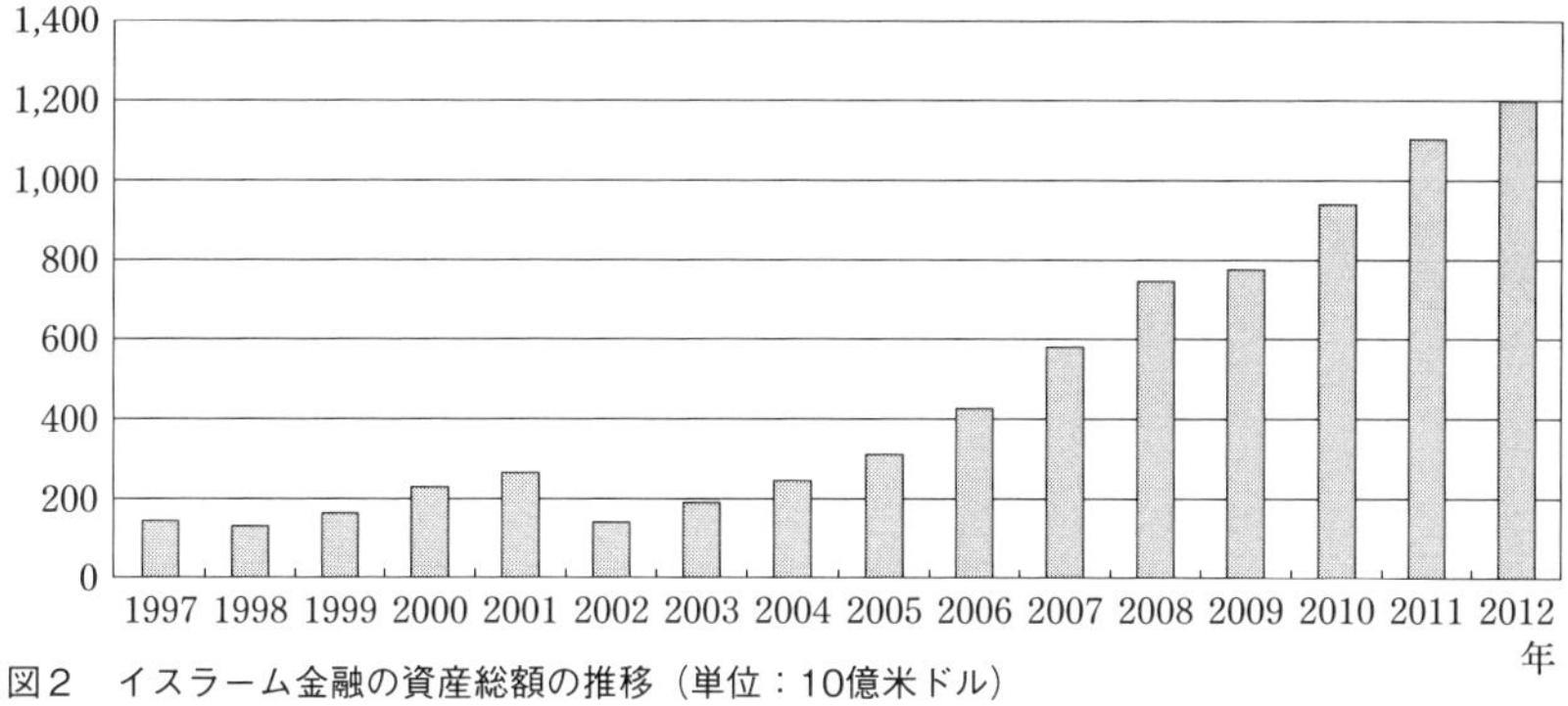

図２　イスラーム金融の資産総額の推移（単位：10億米ドル）
（各種データを参照して筆者作成）

南アジア、中東、北アフリカにかけてのイスラーム諸国だけでなく、欧米やサブサハラ・アフリカの国々でもそのサービスが提供されている。その数は五十カ国以上、サービスを提供している金融機関は六百を超えるともいわれる。金融資産は世界全体で約一・五兆ドルにのぼり、その成長は年率一五％から二五％である（図2を参照）。

マレーシアや中東湾岸諸国のいくつか（バハレーン、サウジアラビア、クウェート）では、国内金融資産の二割以上をイスラーム金融が占めている[5]。ＨＳＢＣやスタンダードチャータード、シティバンクのような欧米大手の金融機関も続々と参入し、ムスリム、非ムスリムに関係なくサービスを提供していて、イスラーム金融はもはや国際金融システムの一翼を担う存在といっても過言ではない。業態も当初からみられたイスラーム銀行だけでなく、イスラーム投資会社、イスラーム投資ファンド、イスラーム型保険など多岐にわたっている。

イスラーム金融の第一歩

こうしたイスラーム金融の実践が最初に構想されたのは、二十世紀半ばである。欧米の強い影響下にあったイスラーム諸国では、政治的独立だけでなく経済的自立も模索され、様々な運動が繰り広げられた。特に、イスラームの理念に基づいた自立を掲げたイスラーム復興運動は、既存の国民国家や一国経済の枠組みを大きく超えるうねりを作り出し、幅広いネットワークが形成された。

そのなかで、一九四一年、当時のイギリス領インドのアリーガル・ムスリム大学でおこなわれた一つの講演が、イスラーム金融を生み出す大きな契機となった。それは、アジア最大のイスラーム主義組織ジャマーアテ・イスラーミーの創設者マウドゥーディーによるものだった。彼は「人類が直面している経済問題とそのイスラーム的解決策」と題した講演のなかで、資本主義が生み出す様々な弊害を指摘し、イスラームの理念に基づく公平・公正な経済・社会の構築を提唱した。(6) 金融システムについても、不労所得である利子に基づいて一部の人々が富を独占してしまう既存の金融資本主義に代わって、貸し手と借り手がパートナーとなって事業を立ち上げ、そこからの利益と損失をともに分かち合うような金の使い方を提起している。このアイデアは、まさに現在のイスラーム金融が提供している金融手法の基本コンセプトにほかならない。そのため、マウドゥーディーは「イスラーム金融の生みの親」と呼ばれている。

マウドゥーディーの提起を受けて、イスラーム金融を実用化する試みが始まった。この壮大なプロジェクトには、マウドゥーディーのようなイスラーム思想家・運動家だけでなく、イスラーム法学者、経済学者、金融実務家など多種多様な人々が参画し、アイデアを練っていった。たとえば、パキスタンのアンワル・イクバール・クレイシーは、マウドゥーディーの影響を受けてイスラーム金融の実用化に取り組んだ草創期の経済学者の一人だが、彼は主著に『イスラームと利子の理論』(7)(原書は英語、のちにウルドゥー語訳)というタイトルを付けている。これは本人も認めているように、その十年前に発表されたジョン・メイナード・ケインズの『雇用・利子および貨幣の一般理論』のオマージュである。また、『イスラーム経済論』の書名で邦訳されているイラクのイスラーム法学者ムハンマド・バーキル・サドルによる『われらの経済』(8)(原書はアラビア語)は、カール・マルクス『資本論』(一八六七―九四年)の構成を意識しながら、資本主義と共産主義との対比でイスラーム経済の特徴を論じている。

イスラーム文明の再発見と再構築

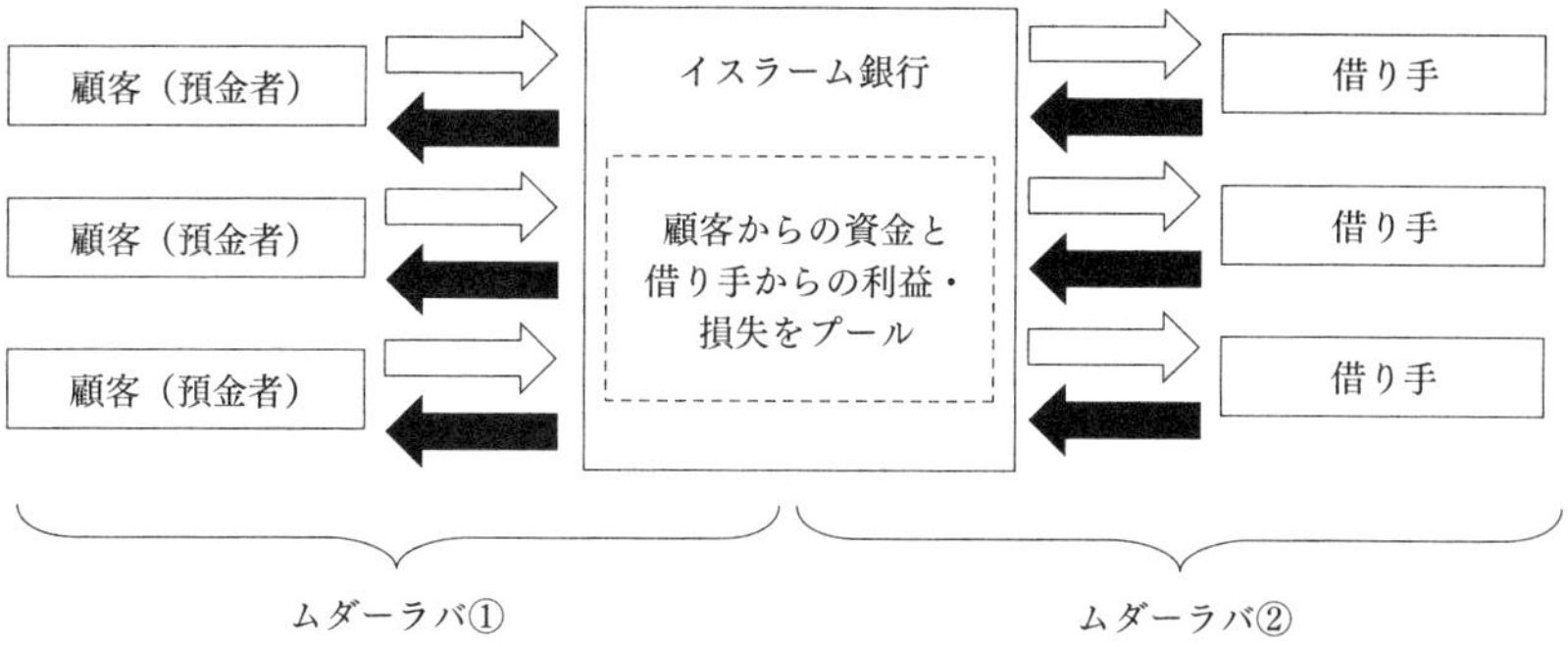

図３　金融手法として再構築されたムダーラバ（筆者作成）

これらの例からは、イスラーム金融を構想する人々が、既存の金融システムの存在を常に強く意識し、それよりも望ましい金融システムをどのように構築するかという知的課題と格闘した様子がうかがえる。それは、単に既存の金融システムを端から否定するのではなく、その長所や利点を活用し、イスラーム的な再構築を志向したことを意味する。マウドゥーディーが講演のなかで言及した貸し手と借り手のパートナーシップによる金融手法は、現在のイスラーム金融では「ムダーラバ」という金融手法として広く利用されているが、これも西暦七世紀から続くイスラーム文明の遺産を、現代世界の需要に合致するように、資本主義の知恵を活用して再構築した産物なのである。

ムダーラバは、もともと中世イスラーム世界で遠隔地貿易の資金調達手段として使われていた。資金力のある商人が、航海に長けた商人に資金を託し、各地で商売をしてもらう。利益が上がればそれを二人で分け合い、損失が出ればそれも二人で負担するという仕組みである。そのコンセプトを保持したままこの仕組みを現代の金融システムに応用すると次のようになる（図３を参照）。

まず資金を持っている顧客（預金者）が、銀行に金を預ける。そこでは、私たちが使っている従来型銀行への預金とは異なり、顧客は銀行の事業遂行のために資金を託す形態をとる。次に銀行は、その資金を借り手（企業や個人）に貸し出す。ここでも、単に銀行が金を貸すのではなく、借り手に金を託し事業をおこなってもらうという形をとる。そして、借り手の事業から利益が上がれば、それをまずは銀行と分け合う。さらに、銀行が受け取った利益、すなわち銀行の事業の利益をもともと資金を託してくれた預金者と分け合うのである。逆に、借り手の事業で損失が生じれば、その損失を銀行、預金者も負担することになる。

この仕組みからは、中世のムダーラバとは異なる点が二つ見つかる。一つは、顧客と銀行の間、銀行と借り手の間でそれぞれ別のムダーラバが用いられ、銀行を介して結び付いている点である。もう一つは、銀行は一人の顧客ではなく、複数(しかも多人数)の顧客から資金を託されている点である。これは借り手側も同様であり、集めた資金を複数の借り手に託している。これら二点によって、既存の銀行システムが持っている機能をムダーラバに換装させることが可能になったのである。その機能とは、銀行の信用創造機能とリスク分散機能である。前者については、二つのムダーラバを仲介する主体の存在が要請されることで、必然的に金の預け入れと貸し出しを連鎖的に繰り返し、信用貨幣の創出に貢献する機関(つまり銀行)が生み出されることになった。後者については、複数の顧客から預かった資金を銀行がプールし、複数の借り手に貸し出すことで、たとえ一つの借り手が損失を出しても、ほかの借り手が生み出した利益で補うことで、全体として銀行のリスク、ひいては顧客のリスクを減らすことができるようになった。

展開するイスラーム金融

このような現代世界の需要に合致するイスラーム金融の仕組みが本格的に実用化されるのが一九七〇年代である。特に、七五年は「イスラーム金融の年」と呼ばれている。それは、二つのイスラーム銀行が業務を開始したからである。一つは、イスラーム諸国の経済発展インフラ整備のために各国が出資して設立したイスラーム開発銀行(本店はサウジアラビアのジェッダ)、もう一つは、世界初の商業イスラーム銀行であるドバイ・イスラーム銀行(アラブ首長国連邦)である(写真1を参照)。いずれの銀行も、それまでに育まれてきたイスラーム金融の仕組みをもとにサービスを提供した。その後、七〇年代には、クウェート、スーダン、エジプト、ヨルダン、バハレーンと中東地域で商業イスラーム銀行の設立が相次いだ。

写真１　世界初の商業イスラーム銀行、ドバイ・イスラーム銀行本店（筆者撮影）

写真２　アラビア語での呼称に「マスリフ」を使用するアラブ首長国連邦のアブダビ・イスラーム銀行（筆者撮影）

この時期に商業イスラーム銀行の設立が続いた理由は二つある。一つは、中東地域に流れ込んだ膨大なオイルマネーの存在である。一九七三年に勃発した第四次中東戦争では、中東産油国が対峙するイスラエルに友好的な国に対して石油禁輸・供給削減措置をとった。その結果、原油価格が高騰し、中東産油国には膨大なオイルマネーが流れ込んだ。潤沢なオイルマネーによって、十分な資本を備えたイスラーム銀行の設立が可能となったのである。

もう一つは、イスラーム復興運動の浸透である。中東地域、特にアラブ諸国では、第二次世界大戦後、アラブ民族主義が民衆の間で大きな影響力を持つことになった。しかし、一九六七年に起きた第三次中東戦争でのアラブ諸国の敗退によって、アラブ民族主義は大きく後退した。代わって人々の受け皿になったのがイスラーム主義だった。そこでは、政治的スローガンだけでなく、自らの信仰にかなった金融サービスを求める声も多く聞かれるようになっていった。中東地域では、もともと欧米が導入した銀行に対してアレルギーがある人々が多くいる。

国王が「イスラームの二聖都（マッカ、マディーナ）の守護者」の称号を任じるサウジアラビアでは、中央銀行の役割を果たす機関を「通貨庁」と呼び、銀行の呼称を避けている。[9] そうした「銀行嫌い」の人々は、銀行を利用するかわりに、金やその加工品（ブレスレットやネックレス）を買って身に着けることで自らの財産を守ってきた。ところが、イスラーム銀行が登場すると、彼らはこぞって金を預けるようになったのである。イスラーム銀行のなかには、銀行嫌いに配慮して、アラビア語での呼称を銀行（バンク）ではなく、近代以前からイスラーム世界で親しまれてきた両替商（サッラーフ）にちなんだ「マスリフ」を使用するところも少なからずある（写真2を参照）。

一九七〇年代の成功を受けて、八〇年代にはサウジアラビア資本のイスラーム銀行（DMIグループ、アルバラカ・グループ）が積極的に海外展開を始める。これらの銀行はイスラーム諸国だけでなく、ロンドン、ジュネーブ、ルクセンブルクといったヨーロッパにも進出していった。主な目的は、ヨーロッパ在住の富裕層ムスリムの資産運用のためだったが、ヨーロッパにとってはイスラーム金融との直接的なファーストコンタクトだった。しかし、イスラーム金融は、既存の金融システムとは異なる仕組みでサービスを提供していたため、ヨーロッパの金融当局にとっては戸惑いの連続であった。イギリスでは、九一年に預金準備規制が強化され、ムダーラバによるサービスの提供が困難になった。それにともない、同国に進出していたアルバラカ銀行は撤退を余儀なくされた。

一九八〇年代は、東南アジアでもイスラーム金融の取り組みが本格化した時期でもあった。八三年には、東南アジア初の商業イスラーム銀行（マレーシア・イスラーム銀行）がマレーシアで業務を開始する。その後、マレーシアは、国ぐるみでイスラーム金融を強力に推進していくようになる。特に、九一年に当時の首相マハティール・ビン・モハマドが長期開発構想プロジェクト「ワワサン二〇二〇（ビジョン二〇二〇）」を発表し、イスラーム型の経済発展を提唱すると、イスラーム金融はその駆動エンジンとしての役割が期待されるようになった。政府の支援のもと、様々なインフラや商品が整備・開発されていき、そこでの質的な充実が、本節の冒頭で紹介した二〇〇〇年代の成長を支えていくのである。

２　イスラームと資本主義

資本主義とは何か

このようなイスラーム金融の実践の背後にあるイスラームの経済理念とはどのようなものだろうか。それを考える前に、私たちは資本主義が何であるかについて確認しておく必要があるだろう。それは、資本主義という言葉が、それが分析概念であるにせよ、歴史概念であるにせよ、それの指示するスコープをどのように措定するかによってきわめて多様に理解されてきたからである[10]。

歴史的に実践されてきた様々な経済活動の共通性を、資本のダイナミズムのあり方によって把握しようとする立場からは、何らかの差異の体系に依拠した利得の永続的な追求によって資本の無限の増殖を繰り返すという原理が、通底する特徴として抽出され、その原理をもって資本主義だと定義されてきた。このように理解した場合、資本主義として理解できるような経済活動は、マルクスが、ノアの洪水以前から様々な世界の隙間にいたエピクロスの神々のように遍在していたのだと半ば暗喩的に指摘しているように、はるか以前の時代から垣間見ることができる。

歴史的には、地理的に離れた二つの地点の間の価格の違いという差異を利用して利得を稼ぐ商業資本主義、都市と農村の間の労働者賃金や原材料価格の差異を利用して利得を稼ぐ産業資本主義、現在と将来という異時点をめぐる人々の選好の差異を利用して利得を稼ぐ金融資本主義へと、意匠を巧みに変化させてきてはいるが、いずれにも差異の体系に基づく資本のダイナミズムという特徴が通底している。

一方、このような資本のダイナミズムは、十八世紀後半の産業革命以降にヨーロッパで全面化していった。全面化とは、土地、労働、貨幣といったあらゆる資本が要素還元的に市場化され、差異の体系のなかに組み込まれていく過程を指す。それは、一国のなかだけにとどまらず、ヨーロッパ以外の周縁地域がこの全面化に飲み込まれていくことで、資本主義はグローバル化していった、いわゆるグローバル資本主義といわれる形態の登場である。このような資本のダイナミズムの全面化という事態を重視して、それ以前の時代の経済体制とは明確に区別しようとする立場では、資本主義という言葉は、ヨーロッパ発祥の経済活動を指す近代的現象として理解されている。この普遍的原理としての資本主義と、近代的現象としての資本主義を区別するところに、イスラーム金融の立ち位置を理解する鍵がある。

ところで、資本主義という言葉は、どのような定義が付与されたとしても、多くの文脈で否定的なニュアンスとして用いられてきたことは疑いえない。差異の体系に依拠した資本のダイナミズムという通時的な共通性として定義する文脈では、そのようなメカニズムが破綻する蓋然性が自覚されているにもかかわらず、決して逃れられないという意味においてであり、資本のダイナミズムの全面化として定義する文脈では、資本家と賃労働者、欧米諸国と植民地という圧倒的な力関係に基づく搾取のイメージと結び付くという意味においてである。

したがって、資本主義という言葉は、自らの肯定的自画像を策定するためというよりは、否定的自画像、あるいは打破すべき偶像を喚起するための概念だったといえる。アンチ資本主義の立場からそれを批判することに徹してきたマルクス経済学と比べたときの、近代経済学でのこの言葉の使用頻度の低さは、そのことを如実に物語っている。

超資本主義としてのイスラーム経済

西暦七世紀のアラビア半島のマッカ（メッカ）で生まれたイスラームは、信徒それぞれがこの世の終わりに受ける神（アッラー）の審判によって天国にいくことを唯一にして最大の目的とする宗教である。その目的を果たすためには現世で、神の指示に沿った生活を送らなければならない。その生活の指針が聖典『クルアーン（コーラン)』である。『クルアーン』は、イスラームの開祖預言者ムハンマドが西暦六一〇年から三二年までの二十三年間にわたって神から受けた啓示をまとめた、いわば神の命令が凝縮された書物である。ムスリムは、日々の生活のあらゆることがらについて、まずこの『クルアーン』を参照し、生きるよすがとしているのである。このことは裏を返せば、『クルアーン』には信徒の生活のあらゆることがらが掲載されていなければならないことを意味する。それは、礼拝や断食、巡礼といった信仰行為だけでなく、結婚や離婚、遺産相続といった社会行為も含まれる。

経済についても例外ではなく、信徒にとっての望ましい経済活動のあり方が『クルアーン』のなかに豊富に述べられている。したがって、イスラーム経済の理念や具体的ルールを知るためには、まずは『クルアーン』を紐解く必要がある。以下では章句をいくつか挙げてみたい。

「アッラーは商売をお許しになり」(第二章第二百七十五節)

「信仰する者たちよ、汝らの財産を、不正に汝らの間で浪費してはならない。しかし、お互いの善意による商売上の場合は別である」(第四章第二十九節)

「もし汝らが(略)、アッラーの道のために汝らの財産を費やし身体を使って奮闘するならば、すべての罪業を帳消しにし、天国に入らせよう」(第五章第十二節)[11]

内容の検討より前にまず驚くのは、『クルアーン』で言及されている経済の考え方が、きわめて直接的かつ明快なことである。しかも、商売の容認、浪費の否定、喜捨と勤労のすすめといった教えは、私たちの感覚でも十分理解できる考え方だろう。経済学の分析概念で大胆に言い換えるならば、交換による利益の最大化、資源の最適配分、所得再分配、労働価値説という言葉を使って説明できるかもしれない。

一般に、宗教での経済観念は、どちらかというと禁欲的で、現世よりも来世利益を重視するといった、いわゆる経済学の合理性に反するものをイメージしがちである。『資本主義の精神とプロテスタンティズムの倫理』(一九〇四―〇五年)の著者であるマックス・ヴェーバーでさえも、経済的利益の発生(および、それにともなう資本主義の形成）は、自らが神に救われていることを確証するために、信徒が現世で禁欲的に信仰と労働に励むことによって生じる付随的な産物だと論じていて、現世利益の獲得を最優先すべき目的とは考えていない。

それと比べると、イスラームでの経済的利益の獲得は、それが来世での救いに直結するという意味できわめて単純かつ合理的である。現世での儲けが多ければ多いほど、来世で救われる可能性が高まるからである。このような現世利益肯定の思想は、何らかの差異の体系に依拠した利得の永続的な追求によって資本の無限の増殖を繰り返すという資本主義の普遍的原理ときわめて親和的である。ヴェーバーの説明に依拠して資本主義の宗教的起源を考えるならば、イスラームのほうがより資本主義的だといっても過言ではないだろう。

制約条件としての宗教？

このように現世利益肯定の思想を持つ一方で、『クルアーン』には利益の獲得に一定の制約を課していると読める章句がある。

「利益のためにリバーを含んで人に貸し与えても、アッラーのもとでは何も増えない」（第三十章第三十九節）

「信仰する者たちよ、倍にも何倍にもなるリバーをむさぼってはならない」（第三章第百三十節）

「信仰する者たちよ、アッラーを畏れ、リバーの残金を取り消しなさい」（第二章第二百七十八節）

「リバーを食らう者は、悪魔に取り憑かれた者がようやく起き上がるようにしか起き上がることができない。（略）アッラーは、リバーを禁じた」（第二章第二百七十五節）

「禁じられたリバーをとり、不正に人の財産を貪った者には、痛ましい懲罰を準備している」（第四章第百六十一節）

以上の章句は、いずれも「リバー」と呼ばれるものを禁じるためのものである。リバーとは、一般に利子に相当するものだと定義されている。イスラーム金融の実用化を構想してきた人々のほとんども、この定義に沿って、利子を取らない金融システムの構築に取り組んできた。イスラーム金融が「無利子金融」として知られているのはこのためである。前節で取り上げたムダーラバは、そうした取ることを許されない利子を避けるための金融手法として再び表舞台に登場したものなのである。確かに、ムダーラバでは、資金の出し手が受け取る利得は、出資先の事業の成否に左右され、自動的に得られる利子はない仕組みとなっていて、無利子金融が実現されている。

リバーの禁止に加えて、もう一つ、利益の獲得に一定の制約を課すような章句もある。

「礼拝の務めを守り、ザカートをなし、立礼に勤しむ人たちと共に立礼しなさい」（第二章第四十三節）

ここでは「ザカート」と呼ばれるものが推奨されている。このザカートは喜捨の一種で、ムスリムの最重要義務行為の一つに数えられる。それは、一年間に稼いだ富のうち一定の割合を神のもとに返す実践である。支払いの割合は富の種類によって異なっていて、たとえば、農産物については収穫物の一〇％、牛三十頭につき一歳牛一頭、羊四十頭につき羊一頭などである。現金については金銀と同様に二・五％と定められている。ザカートは神に代わって専門の団体組織やモスクが徴収をおこない、『クルアーン』に定められた八つの対象（貧者、困窮者、ザカート管理者、イスラームへの改宗者、奴隷解放のため、負債者、アッラーの道のために努力する者、旅行者）に分配される。このような仕組みからは、ザカートが、神を介した所得の再分配機能を持つ税制のような性格を持っていることがわかる。しかし、税制が納税者も公共サービスの恩恵にあずかることができるのとは対照的に、ザカート支払い者には現世での恩恵は一切ない。見返りは来世での救済であり、現世では富は支払者から神を介して受給者に一方的に流れるのである。

ザカートと同じような喜捨の仕組みとして、サダカやワクフといった仕組みも存在する。サダカは、自発的に神に富を返す行為で、支払い額に限度はない。ワクフは、物件を寄進し（これをワクフの設定という）、その賃貸料収入を慈善活動や一族の扶養のために使用する仕組みである。これらの仕組みは、ムスリム各人の信仰行為の一環として、近代以前のイスラーム世界から連綿とおこなわれてきたものだが、現在ではイスラーム金融機関も含めた企業も積極的に実践に取り組むようになってきている。

以上でみてきたリバーの禁止と喜捨は、いわば現世利益獲得のための制約条件のようにみえる。つまり、イスラームでは、単に現世利益を無限に追い求めることが許されるのではなく、これらの条件を満たすことではじめて、獲得した富がイスラーム的に正当化されるのである。これを資本主義の定義をめぐる先の議論に当てはめるならば、イスラーム経済では、利得の永続的な追求によって資本の無限の増殖を繰り返すという資本主義の普遍的原理を容認するものの、資本のダイナミズムに対して、信仰の観点から一定の制約を課すことで、そのダイナミズムの全面化を拒むメカニズムがはたらいていると説明できるだろう。しかし、はたしてこのような説明は正しいのだろうか。そのような留保を念頭におきながら、次にイスラーム金融での事例をみていきたい。

3　イスラーム金融の叡智

富の獲得か、それともイスラーム的正当性か?

このような資本のダイナミズムに一定の制約を課す仕組みは、イスラーム金融の実践でも採用されている。つまり、既存の資本主義金融と同じように、サービスの提供による利益の獲得を基本としながら、無利子の取引と喜捨をきちんとおこなうことではじめて、その利益がイスラーム的に正当化されるのである。しかし、これらの制約条件の適用は必ずしも画一的ではない。イスラーム金融では、富の獲得という資本主義的性格と、それに制約を課すイスラーム的正当性の間でどのようなバランスを取るかをめぐって、いまも激論が交わされている。以下では、利子の禁止と喜捨をめぐる議論からそれぞれ事例を取り上げてみたい。

イスラーム金融に関わるほとんどの人々が、『クルアーン』が規定するリバーの禁止を利子の禁止と捉えてきたことはすでに述べた。しかし、一部の人々は、無利子という制約条件のもとで、より多くの富の獲得を重視する金融手法を編み出すことを模索してきた。一九九〇年代のマレーシアで開発された「バイウ・ダイン」もそのような手法の一つであり、そのイスラーム的正当性をめぐって激しい議論が起こった。

銀行は資金を貸し出すと、それが返済されるまでその分は債権として計上される。貸し出しをたくさんおこなうほど、その債権も増えていく。そのような状況下では、預金者から預金の引き出し要求があったときに、銀行の手元に十分な現金がないこともありうる。既存の金融システムでは、そのような状況に備えて、コール市場と呼ばれる、銀行の間で資金を融通する仕組みが整備されている。つまり、手持ちの現金に余裕がある銀行が、現金が足りない銀行に低利で金を貸し出す仕組みである。しかし、イスラーム金融ではそのようなコール市場は発達してこなかった。それは、貸し出しに利子を付けられないからだ。この制約がイスラーム銀行の貸し出しを抑制し、長年、イスラーム金融の発展の足かせとなってきたのである。

マレーシアが開発したバイウ・ダインは、債権、つまり将来返済される資金を受け取る権利を他銀行に安く売り渡すことで、手持ちの現金を生み出そうとする画期的なアイデアだった。たとえば、ムダーラバによる貸し出しによって百万円の債権を持っているA銀行が、すぐさま現金が必要になったとき、B銀行に九十万円でこの権利を売り渡し、九十万円の現金を手に入れるといった具合である。B銀行は、返済期限に百万円を借り手から受け取ることができるため、債権の購入代金との差額十万円が、このバイウ・ダインからの利益になるのである。

この仕組みは、イスラーム金融では認められていないコール市場を代替し、イスラーム金融の競争力を高める＝より多くの富を生み出すものとして歓迎された。しかし、債権を安く売り渡すことで、儲けが発生してしまうこの取引が、リバーの禁止に抵触するのではないかという議論が沸き起こった。確かに、この取引では、利子という言葉はどこにも見当たらない。しかし、先の例でのB銀行は、自ら何もせずに十万円の利益を上げてしまっている、これが利子をともなう金貸しと同じだという批判が寄せられたのである。それに対して、バイウ・ダインを擁護する人々は次のように反論した。つまり、B銀行は、A銀行に代わって新たなムダーラバの貸し出し元になったのであり、A銀行が売り渡したものには、単なる債権だけでなく、貸し出し先の事業に関わり利益を享受する権利も含まれている。その権利は、商品のように実体があるものであり、A銀行とB銀行の間で合意があれば、どんな価格で取引してもいいではないかと。

バイウ・ダインに対する批判とその反論が意味するところについて考える前に、喜捨をめぐる議論についても取り上げておきたい。先に述べたように喜捨は、支払者から受給者への神を介した一方的な富の流れである。そこでは、納められた富をそのまま受給資格を持つ者に引き渡すのが大原則である。ところが、近年、徴収したザカートやサダカをイスラーム金融機関が運用したり、イスラーム金融の手法を使ってワクフ設定の資金を募ったりする試みが模索されている。ワクフについては、シンガポールやマレーシア、アラブ首長国連邦、クウェートなどで、イスラーム金融を使ったワクフ物件の新設や再建が始まっている（写真3を参照）。

写真３　シンガポールの再建されたワクフ物件（筆者撮影）

これらの新しい試みでは、これまでの一方通行の富の流れの大原則に反して、支払者に富が還元されるケースが出てきている。実際に、ワクフの取り組みでは、ムダーラバの仕組みに基づいて、物件が生み出す利益の一部を出資者が受け取っている。このことについて、一部の人々から、イスラーム金融の手法を使ってワクフ物件の新設や再建に資金を提供することは、事業への「投資」であり、信仰とらは、イスラームの重要な信仰行為があたかもマネーゲームの対象になっていると批判が出ている。他方、イスラーム金融の手法を使ってワクフ物件の新設や再建に資金を提供することは、事業への「投資」であり、信仰と両立しうるという肯定的な意見もみられる。[12]

実物経済に埋め込まれた金融システム

これら二つの事例に共通する争点は何だろうか。単純な見方をすれば、それは何度も述べているように、富の獲得という資本主義的性格を重視するのか、それに制約を課すイスラーム的正当性を重視するのかという両サイドの考え方の衝突だと捉えられる。しかし、両者は一つの議論のプラットフォームを共有している。それは、実体がある取引からの利益だけがイスラーム的に正当化されるという点である。

バイウ・ダインの事例では、利子を取る金貸しのように取引がおこなわれ、そこから利益が発生することがこの手法を批判する人々の論拠になっていた。このことは、裏を返せば、金貸しのような取引がおこなわれなければ、そこから発生する利益は彼らにとっても容認されうるものになることを示唆している。そして、この示唆は、バイウ・ダインを容認する人々の論拠、貸し出し先の事業に関わる実体がある権利の売買がこの取引の核心にあるという主張に通底していることがわかる。ワクフの事例でも、イスラーム金融を使った資金集めに批判的な人々は、それがマネーゲーム、すなわち実体から乖離した取引となるおそれを危惧している。他方、容認する人々は、実体がある事業への投資である点を強調する。

以上からは、イスラーム経済が持つ固有の特徴として、実体がある取引（実物的取引）とそうでない取引（貨幣的取引）を明確に区別する論理構造が浮かび上がる。この構造は、リバーの禁止からも導くことができる。それは、単に利子と呼び代えるだけではかえって見えにくくなっているリバー禁止の本質でもある。表1は、西暦七世紀から延々と議論されてきたリバー禁止の構造を最も単純な形で示したものである。リバー禁止は取引の二つの側面で問題になる。一つは、交換される財の分量、もう一つは、交換するタイミングである。財の分量については、貨幣財同士の場合、不等価交換は禁止、それ以外の場合は、当事者が合意をすればどのような交換も認められる。交換のタイミングについては、貨幣財の場合、信用取引は異なる財の交換（たとえば、金と銀）であれば認められるが、原則禁止、それ以外の場合は、全面的に信用取引が認められる。

このようなリバー禁止の構造のもとで、金貸しを営もうとするならばどのような形でおこなわれるだろうか。まずもって金貸しは信用取引でなくてはならない（金を貸してすぐ返してもら

表1　リバー禁止の構造（筆者作成）

	貨幣財同士の交換	実物財が絡む交換
不等価交換	×	○
信用取引	×（一部○）	○

う取引は金貸しにとって何の意味もない）。さらに営利事業であるかぎり、何らかの儲けが必要である。これらの条件を満たすような取引は、表の右側でしかありえない。つまり、たとえ金貸しであっても実物財を取引に絡ませないと事業を営むことができないというのが、このリバー禁止の本質的意味なのである。そのために、先に明らかとなった、実体がある取引からの利益だけがイスラーム的に正当化されるというイスラーム経済固有の特徴は、利子が資本主義の中核を占め、それとの関係でリバーがクローズアップされるはるか以前から、その禁止の構造に埋め込まれていたということができるだろう。筆者は、このようなイスラームに固有にみられる金融システムのあり方をカール・ポランニーの言い回しをパラフレーズして、「実物経済に埋め込まれることを志向する金融システム」(13)と呼んでいる。

ところで、実物的取引と貨幣的取引の境界線はどこにあるのだろうか。リバーの禁止が定式化された近代以前では、両者を見分けるのはそれほど困難ではない。しかし、現代の金融取引では、取り上げた事例での論争からもわかるように、両者の見分けは容易ではない。そのために、どこで線引きをするかによって、それぞれの意見や実践のあり方が変わってくるのである。先に述べたように、イスラーム金融で起こっている論争は、資本主義的性格の重視か、イスラーム的正当性の重視かという両サイドの考え方の衝突と見なされることが多い。しかし、それはそれぞれの主張が何に親和的なのかを理解しようとしたときに浮かび上がる二項対立にすぎないのであり、議論の本質は、何が実体のある取引なのかという一点に集中していて、それ以上でも以下でもない。

したがって、この期に及んで、先に取り上げた、資本のダイナミズムに信仰行為の観点から一定の制約を課し、そのダイナミズムの全面化を拒むメカニズムがはたらいているというイスラーム経済の特徴の説明は訂正されなければならない。つまり、リバーの禁止は、ネガティブな言辞としての制約条件ではなく、人々を実体がある取引に基づく経済活動に導くための動機づけ、すなわち誘因装置なのである。そして、イスラームでは、そのような経済活動に人間の資源を集中させたほうが、現世でも来世でもより望ましい未来を手に入れられると考えているのである。

利己主義という「モラル」

さらに、喜捨についても制約条件とは別の視角から考えることができるだろう。喜捨のうちザカートは義務行為として必ず払わなければならないものだと捉えられてきた。しかし、裏を返せば、ザカートさえ払えば、どれだけ富を稼いでも何のおとがめもないことを示している。私たちの社会（とりわけ日本）では、富を稼ぎすぎた者に対して、嫉妬と羨望の混じった視線を送りがちだが、先に述べたように、イスラームでは現世での利益が多いほど来世での救済の可能性が高まることから、彼らの社会では富を稼ぐことは個人の篤信度に直結する。

このように、来世での自らの救済を最大目的として、現世で富の蓄積にいそしむ人々が増えることは、必然的に喜捨の金額も増えることを意味する。現金の稼ぎに対するザカートの支払額は二・五％で一定だから、稼ぎが十倍になれば、集まるザカートも十倍になる。このことは、喜捨を受給する人々にとっては朗報で、福祉の充実を意味する。私たちの社会では、特に慈善による福祉の充実は、富を稼ぐ人々の利他心やモラルに大きく依存している。そもそも慈善（チャリティー）とは、博愛や同胞愛に基づいておこなわれる活動を指す。あるいは、利益第一主義で人々の福祉について関心がない企業家たちを批判するとき、「彼らにはモラルがない」という言い回しをよく使う。

これに対して、イスラームの喜捨は、来世での自らの救済という徹底した利己心に基づいておこなわれている。サダカの支払いやワクフの設定も、自らの救済が最大の目的である。そのために彼らは喜捨に励むのである。そこには、私たちの知る利他心やモラルのかけらも原理的には存在しない。しかし、利己主義による喜捨の結果、福祉が充実することで、そこには帰結としてのモラルなエコノミーが立ち現れてくるのである。そのような視角からイスラームの喜捨を眺めるならば、それは、人々の福祉を実現するための共同体的制約条件ではなく、来世での自らの救済という目的をより確実なものとするための個人的誘因装置だと捉えることができるだろう。

以上の考察から、イスラーム経済とは、宗教的起源を持つ二つの誘因装置を有する特異な資本主義だと定義し直すことができる。この特異な部分をどう評価するかによって、それが資本主義的なのか、非（反ではなく）資本主義的なのか判断が分かれるだろうが、それは誘因装置をどれだけ特異なものと評価するかの問題になるだろう。

おわりに

「未来」という言葉は、私たちを明るい気持ちにさせてくれる。それは、いまの生活と比べてより望ましい日々が待っているという期待がこの言葉に込められているからである。現状の資本主義が岐路に立たされているのは確かである。それをどうにかするために、冒頭で触れたように様々な思想・理論・運動が展開されている。そのようななか、イスラーム金融から私たちは何を学ぶことができるだろうか。「実物経済に埋め込まれた金融システム」「徹底した利己主義に基づいた福祉の充実」。これがイスラーム金融が私たちに提起している叡智である。これらがどれほど「明るい」未来に寄与しうるかはわからない。しかし、世界金融危機の発生によって実体のない金融取引の後始末に翻弄されたこの約十年間や、トマ・ピケティが明快に論じた資本主義での富の集中と格差の必然性をみるかぎり、イスラーム金融が提起している叡智の意義を真剣に考えてみる価値はありそうである。

イスラームの教えは、これらの叡智にしたがって経済活動をおこなっていけば明るい未来がやってくるという。しかし、リバーの禁止も、ザカートの支払い義務も、イスラームという信仰にそのよりどころがある。そのことを信徒ではない人々が理解するのは容易ではない。したがって、イスラーム金融が提起する叡智が人類社会全体に対してどのような効果があるのかについては、経済学をはじめとする様々な分析フレームワークを用いての検証が必要だろう。それはすなわち、イスラーム金融の叡智の普遍化を試みる作業でもある。そこでは、叡智に即した経済行動をいかに普遍的に動機づけられるか、どのような普遍的な制度設計が可能かといった具体的な思考実験が求められるだろう。

イスラーム金融は、近代以前のイスラーム文明の遺産の継承だけで実現したものではない。現代世界の需要に合致するように、資本主義の知恵を活用して再構築したことが、いまの成長をもたらしている。今度は、イスラーム金融の叡智を私たちが活用する番である。振り返れば、いまの資本主義の中心的制度である株式会社の仕組みも、中世イスラーム世界のムダーラバが起源だという説[14]もある。これは、イスラームの叡智がそれほど私たちから遠くにあるものではないことを如実に示しているエピソードである。資本主義に過度の「幻想」を抱くのでもなく、資本主義を端から拒絶するのでもないイスラームの叡智から、私たちのよりよい未来を考えるヒントが再び見つかるかもしれない。

注

(1) このエピソードは、宇沢弘文／内橋克人『始まっている未来――新しい経済学は可能か』(岩波書店、二〇〇九年) 九一―九四ページ、大塚信一『宇沢弘文のメッセージ』(集英社新書)、集英社、二〇一五年) 一一九ページを参照。

(2) たとえば、一九七七年から七九年にかけて東洋経済新報社から刊行された『経済体制論』という書名の四巻シリーズでは、第一巻が近代経済学者である青木昌彦、第二巻では資本主義に批判的な立場をとる村上泰亮と西部邁がそれぞれ編者となっていて、一つのテーマのもとに多様な考えを持つ経済学者が集っているのがわかる。また、第三巻と第四巻では、資本主義と社会主義が対比的に論じられている。

(3) 最も代表的なものが、青木昌彦に代表される比較制度分析である。比較制度分析とは、法・組織・文化・慣習といった制度の役割を重視し、制度成立の径路依存性や運用のされ方の違いによって、多様な資本主義がありえるという立場をとり、そのような多様な資本主義の生成・変容過程をゲーム理論に代表される近代経済学の手法を用いて分析する研究領域である。代表的テキストとして、青木昌彦『比較制度分析に向けて』(新装版、瀧澤弘和／谷口和弘訳、

NTT出版、二〇〇三年）がある。

（4）日本でも、二〇〇八年二月に開催されたイスラーム金融シンポジウムで、当時の日本銀行総裁の福井俊彦が開会講演をおこない、「イスラーム金融がもたらす多様性は、金融市場や金融システムの安定という観点からも重要」（日本銀行ウェブサイト〔https://www.boj.or.jp/announcements/press/koen_2008/ko0802c.htm/〕［アクセス二〇一六年二月三日］）だと述べている。

（5）以上の数値は、イギリスの金融調査会社 TheCityUK のレポート（"Financial Markets Series UK, The Leading Western Centre for Islamic Finance, October 2013"〔http://www.thecityuk.com/research/our-work/reports-list/islamic-finance-2013/〕［アクセス二〇一六年二月三日］）による。

（6）Sayyed Abulala Maudoodi, *The Economic Problem of Man and Its Islamic Solution*, Maktaba-e-Jama'ate-e-Islami, 1947.

（7）Anwar Iqbal Qureshi, *Islam and the Theory of Interest*, Muhammad Ashraf, 1946.

（8）Muḥammad Bāqir Ṣadr, *Iqtiṣādunā*, Dār al-Fikr, 1968. 邦訳に、ムハンマド・バーキルッ＝サドル『イスラーム経済論』（黒田寿郎訳、今村仁司解説、未知谷、一九九三年）、同『イスラーム経済論』（黒田寿郎訳・解説〔「〈中東学〉叢書」第一巻〕、国際大学中東研究所、一九八八年）がある。

（9）かつては、同じ中東湾岸諸国のアラブ首長国連邦、カタール、バーレーンの中央銀行も通貨庁、通貨局の呼称を用いていた。

（10）本節前半部は、長岡慎介「資本主義」（東長靖／石坂晋哉編『持続型生存基盤論ハンドブック』〔「講座生存基盤論」第六巻〕所収、京都大学学術出版会、二〇一二年）の前半部を加筆・修正したものである。

（11）本章での『クルアーン』の日本語訳は、日本ムスリム協会訳『日亜対訳・注解 聖クルアーン（改訂版）』を用い、一部修正している。これ以降の引用も同様である。

（12）なお、ザカート資金の運用については、まだ否定的な意見が大半を占めているため、アラブ首長国連邦などで実践が模索されているものの、実現はしていない。

（13）この言い回しに関わる詳細な考察については、長岡慎介『現代イスラーム金融論』（名古屋大学出版会、二〇一一年）を参照。

（14）Abraham L. Udovitch, “At the Origins of the Western Commenda: Islam, Israel, Byzantium?,” *Speculum*, 37(2), 1962, pp.198-207.

エピローグ　地域から世界を考え、世界から地域を考える
――相関地域研究の試み

帯谷知可／村上勇介

振り返ってみると、二〇一四年は、のちのウクライナ問題の発端となるクリミア危機が生じ、さらに中東ではイスラーム国（ＩＳＩＳ）の樹立宣言がなされ、国際秩序が大きく動いた年でした。ロシアのクリミア併合は、既存の国境線の変更はおこなわないという冷戦終結後の国際関係上の紳士協定が崩れ去ったという事実を、イスラーム国の勢力伸長は、かつてヨーロッパ列強によって引かれた中東の国境線が非国家的主体によって力ずくで否定されていくという現実を私たちに突き付けることになりました。

その余波が続く二〇一五年は、フランスの「シャルリー・エブド」紙本社襲撃事件に始まり、パリ同時多発テロ事件に終わったともいえ、世界の安定は大きく揺らぎ、もはや地球上に安全な場所はないかのような切迫感にさえとらわれます。

このような状況のなか、京都大学地域研究統合情報センター（ＣＩＡＳ）叢書シリーズ「相関地域研究」第二巻として刊行される本書は、すでにほとんど所与のものとなりこれからも存続するであろうと思われていた既存の秩序や規範が大きく組み替えられていく、いわば現在進行形の現代世界の諸現象を、世界のなかの地域、国家、社会のレベルで地域研究の観点から提示し、世界の行方を見据えるよすがとしてみようという構想から出発しました。

同センターのスタッフだけでなく、同センターが展開する共同利用・共同研究をはじめとする研究者ネットワークによって、八人の執筆陣による論考をお届けすることができました。各論考はおおまかな全体構想のもとに個々に執筆されたものですが、注意深く読んでいくと、複数の論考が相互に連関を持っていることにお気づきい

ただけると思います。それは、とりもなおさず、ミクロな地域の事象をその地域に深く入り込んで地域の視点から分析し、そこから世界を考える、そして世界で起こっていることを広く把握しながら、ミクロな地域の事象を考えるという往還の営み、さらには地域の事例だけに埋没せずに比較や通地域的な視点を持つという相関地域研究の視座の反映だといえるでしょう。

また、同時に、いずれの著者も、眼前に見えている事象を歴史的背景も踏まえて地域の文脈から注意深く捉え直すこと、そして、一見正しいようでも、実は他者の排除や差別を内包するような、あるいは衝突を助長するような偏狭な見方に陥らない冷静な目を持つことの大切さを十二分に踏まえています。

昨今、地域研究という学問的枠組みは、人文科学全般が存在意義を問われるような状況のなかで、試練のときを迎えているともいわれます。しかし、前述のような、地域から世界を考え、世界からまた地域を考えるという往還の営みは、現代世界の秩序や規範がこれほど速く大きく変動し、安定や平和や共存についての見通しを得ることが困難ないま、決して意義を失うことはないはずです。その意義の一端を本書がささやかながら示すことができたとすれば、編者として望外の喜びです。

二〇一六年一月

た

な

は

ま

や

ら

索引

石書店）など

福田 宏（ふくだ・ひろし）
1971年、和歌山県生まれ
愛知教育大学地域社会システム講座講師
専攻は比較政治学、チェコとスロヴァキアの近現代史
著書に『身体の国民化』（北海道大学出版会）、共著に『グローバル・ヒストリーとしての「1968年」』（ミネルヴァ書房）、『第一次世界大戦と帝国の遺産』（山川出版社）など

長岡慎介（ながおか・しんすけ）
1979年、静岡県生まれ
京都大学大学院アジア・アフリカ地域研究研究科准教授
専攻はイスラーム経済論、イスラーム金融研究、比較経済思想・経済史
著書に『現代イスラーム金融論』（名古屋大学出版会）、共著に『イスラーム銀行』（山川出版社）など

［編著者略歴］
村上勇介（むらかみ・ゆうすけ）
1964年、長野県生まれ
京都大学地域研究統合情報センター准教授
専攻はラテンアメリカ政治研究、ラテンアメリカ地域研究
著書に『フジモリ時代のペルー』（平凡社）、編著に『21世紀ラテンアメリカの挑戦』（京都大学学術出版会）など

帯谷知可（おびや・ちか）
1963年、神奈川県生まれ
京都大学地域研究統合情報センター准教授
専攻は中央アジア近現代史、中央アジア地域研究
共編著に『中央アジア』（朝倉書店）、共著に『社会主義的近代化の経験』（明石書店）、『イスラーム地域の国家とナショナリズム』（東京大学出版会）など

［著者略歴］
岩下明裕（いわした・あきひろ）
1962年、熊本県生まれ
北海道大学スラブ･ユーラシア研究センター教授、九州大学アジア太平洋未来研究センター教授
専攻は国際関係論
著書に『北方領土・竹島・尖閣、これが解決策』（朝日新聞出版）、『北方領土問題』（中央公論新社）、編著に『領土という病』（北海道大学出版会）、共編著に『国境の島・対馬の観光を創る』（国境地域研究センター）など

末近浩太（すえちか・こうた）
1973年、愛知県生まれ
立命館大学国際関係学部教授
専攻は中東地域研究、国際政治学、比較政治学
著書に『イスラーム主義と中東政治』（名古屋大学出版会）、『現代シリアの国家変容とイスラーム』（ナカニシヤ出版）、共著に『現代シリア・レバノンの政治構造』（岩波書店）など

仙石 学（せんごく・まなぶ）
1964年、千葉県生まれ
北海道大学スラブ・ユーラシア研究センター教授
専攻は比較政治経済、中東欧比較政治
共編著に『ネオリベラリズムの実践現場』（京都大学学術出版会）、『ポスト社会主義期の政治と経済』（北海道大学出版会）、共著に『新興諸国の現金給付政策』（日本貿易振興機構アジア経済研究所）、『ジェンダーと比較政治学』（ミネルヴァ書房）など

小森宏美（こもり・ひろみ）
1969年、栃木県生まれ
早稲田大学教育・総合科学学術院教授
専攻はバルト地域研究・エストニア現代史
著書に『エストニアの政治と歴史認識』（三元社）、編著に『エストニアを知るための59章』（明

相関地域研究 2

融解《ゆうかい》と再創造《さいそうぞう》の世界秩序《せかいちつじょ》

発行――2016年3月18日　第1刷
定価――2600円＋税
編著者――村上勇介／帯谷知可
発行者――矢野恵二
発行所――株式会社青弓社
〒101-0061 東京都千代田区三崎町3-3-4
電話 03-3265-8548（代）
http://www.seikyusha.co.jp
印刷所――三松堂
製本所――三松堂

ISBN978-4-7872-3400-1 C0336